期货交易学习路线

(第二版)

婉 洋 著

地震出版社
Seismological Press

图书在版编目(CIP)数据

期货交易学习路线／婉洋著. —2版.—北京：地震出版社，2013.4

ISBN 978-7-5028-4144-7

Ⅰ.①期… Ⅱ.①婉… Ⅲ.①期货交易—指南 Ⅳ.①F830.9-62

中国版本图书馆CIP数据核字(2012)第246525号

地震版 XM2880

期货交易学习路线(第二版)

婉 洋 著

责任编辑：朱 叶

责任校对：孔景宽

出版发行：地震出版社

北京民族学院南路9号　　邮编：100081

发行部：68423031　68467993　　传真：88421706

门市部：68467991　　传真：68467991

总编室：68462709　68423029　　传真：68455221

证券图书事业部：68426052　68470332

http://www.dzpress.com.cn

E-mail：zqbj68426052@163.com

经销：全国各地新华书店

印刷：三河鑫利来印装有限公司

版(印)次：2013年4月第二版　2013年4月第一次印刷

开本：787×1092　1/16

字数：211千字

印张：14.25

书号：ISBN 978-7-5028-4144-7/F(4825)

定价：36.00元

再版推荐序

知道婉洋，更多的来自网络及业内的口口相传。

与婉洋仅有的谋面，是因为他们主办的一次活动。那次厦门之行，她给我留下了认真、谦虚、干练与细心的印象。回来后，我们也通过几次电话，同事也偶谈及她的一些事，我以为，她是一个值得信任的朋友。

这次遵托为其《期货交易学习路线》再版写几句话，细读其文字，更加深了上次她留给我的印象。做事就是做人，一个肯把自己放低的人，她做事时应会有很好的人缘基础。这几年她在近 20 个城市做报告或培训，能有那么好的反响，算是回报和佐证吧。

其实成功怕的就是“认真”这两个字。婉洋的成功，除了认真，与她的执着也应有关系。格兰威尔的一万小时定律认为，一个人要成为某个方面的专家，如果每天工作 4 个小时，一周工作 5 天，那么至少需要 10 年。婉洋 1998 年进入资本市场，与期货打交道算来也有 10 年了吧。这期间，有多少人在交易与利益中淹没，婉洋的脱颖而出，除认真与执着外，还因为她有梦想。一个心中有梦想的人，物质的生活虽然可能清苦，但精神的世界一定丰富多彩。

属于虚拟经济范畴的期货，一般以为这种博弈更多在意识层面，有时甚至是对自我的挑战。中国期货 20 年，从易经、佛学等角度论证期货交易与个人修为的著作与论述，不胜枚举。但这并不是说，期货交易没有客观基础及规律。作为一门学科，它会有其相对性与局限性，需要不断补充、完善甚至修正，奢望一招定乾坤的独门秘籍显然有悖科学的基本原则。换句话讲，不断学习是提高交易技巧的必要条件，而适合自己的才是最好的交易技巧。

当前，期货投资仍是一个小众市场，且处于由量变向质变转轨的关键时期，“十二五”市场经济更强调的是科学发展与可持续性，期货市场的质变，其根本还在人的综合素质提升。无论是创新业务期货投资咨询、CTA，对外开放的境外期货试点，还是在更深更广层面服务实体产业，期货专业人才培养及投资者教育工作，均任重而道远。这几年，监管层及市场在投资者教育上已做了大量工作，打下了一个好的基础，开创了一个好的局面。我们真诚祝福，在这种环境与导向下，婉洋等有志市场培训者能大有作为，也相信《期货交易学习路线》等著述，会对投资者大有裨益。

期货日报社总编(社长)

陈邦华

再版推荐序二

期货市场是个小众市场，但它不是深不可测的，更不是洪水猛兽近不得身。

期货投资是科学也是艺术，有很多道理是与我们的生活哲理息息相通。有个生活中的小故事我认为对我们正确理解投资哲学很有帮助。有人问幸福的婚姻需要什么条件？哲人答：很简单，需要两个条件，找个好人，自己努力做个好人。如果你做不到，那就需要 4 个条件，4 个做不到，那就要 16 个条件，16 个条件做不到，那就要 256 个，这意味着你可能彻底做不到了。期货投资也是如此，很多成功的投资者都说，期货投资其实很简单，只需要做到两条：一：建立适合自己的交易系统，二：遵守纪律认真执行。大道至简就是这个道理吧。

婉洋女士集多年参与期货市场的经验，特别是她所创建的〞期货投资实战赢家训练营〞培训工作的累积，对期货轮廓、内涵的整体把握和深入浅出的讲解，有非常独到的特点。我相信《期货交易学习路线》是一本对希望了解研究期货市场读者有益有帮助的好书！期货市场的投资者教育是一个长期而艰巨的工作，希望市场能有更多的好书呈现给广大读者，使整个市场更加健康的发展。谢谢婉洋女士。

北京首创期货有限责任公司董事长

姚俊明

前　言

你可以不做期货，但是你不能不懂期货

每当谈起期货与股票，大多数人会说出诸多两者之间的不同。比如，交易规则的不同、交易制度的不同、交易时间的不同。同时，很多人会给出一个最善良的忠告：千万别来做期货，期货风险太大了！虽说这个忠告是充满善意的，也极具震慑力，以致于长久以来影响并阻止了一批又一批有心想了解期货或想参与期货交易的人们。然而，事实并不是他们认为的那样，在有数年股票和期货交易经历的人们及笔者眼中，期货不仅不是人们所说的那么可怕，而且期货有很多宝贵之处。

首先，期货会让你拥有一个深厚的分析理论功底，从而拥有属于自己的一技之长。

在股票交易中，几乎很少人会想到价格走势过程中噪音(上涨或下跌过程中的微小回调)的识别和处理，也很少人想到上升趋势中的逢低买入、下降趋势中的逢高卖出。对于绝大多数股票交易者来说，充其量要做的也只是听听股评，看看公司财务报告，浏览一下新闻，看看 K 线和指标，从而跟随一下大盘。而在期货交易中，由于期货是极其特殊的行业，信息敏感度强，市场价格变幻莫测，常常需要瞬间做出选择，这样的情况下没有自己的主见和经验绝对不可能获利。要形成自己的主见，就必须注重各种分析体系，必须了解每种分析方法的内涵，尤其是走势和阻力线及支撑线要领的掌握。而这些技能的掌握，只能建立在学习和领会所有的基本分析、技术分析和心理分析等理论之上。在这个学习和感悟过程中，你自然而然就拥有了扎实的分析理论基础、拥有了知识技能，这样，就很有可能在交易领域中走到竞争对手的前列，从而能够自尊、自爱、自信地活着。

第二，期货会让你对风险拥有一个正确的认识。

无论是股票还是期货交易，它们的本质都是一个，那就是对未来做出判断和

当下的买卖决策。既然是对未来还没有发生的不确定的事做出抉择，那么风险管理就显得尤为重要。因为在所有的判断中，没有任何人可以做到百分之百正确，你的每次判断都有发生错误的可能。为了降低和回避这个风险，我们就需要承认和管理交易风险，即用试探性的心理小资金介入，并同时为每笔交易开始前就做好退出策略。可是，由于股票的全额交易制度，只要买入的公司股票不摘牌，那么交易者的资金就永远不可能损失为零，交易者也不会因这笔交易在账户欠证券公司的钱。结果，这表面看来的安全状况使得太多的投资者在凭感觉和他人建议进行股票交易过程中，既不懂得用试探性小资金介入交易，更不懂得用止损来保护这笔交易资金。以至于每波行情过后，太多太多的人被套在里面，不仅输掉了本钱，也错失了其他投资机会，甚至连其原因都不知道，只会怨天尤人。可在期货交易中，就绝不会让你放任自流。如果你不懂得分配交易资金，不懂得止损，那么很短时间甚至几天工夫市场就会把你扫地出门。表面看来，这好像很残酷，可恰恰是这严酷的教训，才让你最终拥有了风险意识，从而在市场中生存更久，获得最后的成功。

第三，期货会让你早日了解真相、走出困境。

无论是股票还是期货，很多交易者最初都是抱着暴富和稳定赚钱的心理开始交易的，尤其是股票交易者，因为他们的介入都是在牛市的高峰甚至最高峰，所以在他们看来，股票是个可以让人发财的地方，别人能赚我当然也能赚。可是，他们不知道，股票的最大魅力就是可以给人以纸上的富贵，这个纸上的富贵能否化为真实的财富，是要取决于你的交易知识和经验的。对于一个没有知识也没有经验，更没有成功素质的人来说，要想获得这种财富，无疑就是痴心妄想。可悲的是，众多的股票交易者因为无法认识到这点，自然也就不会去努力学习和磨炼，只能是把无限的希望寄托在下一波行情中，然后再重复这样的故事，一年又一年。而期货给人的魅力是以小博大及双向交易，由于期货行情频繁波动和保证金交易，容不得你将交易仓位无限期保留下去，这样，不断地面临决策和真实交易结果，使得交易者将很快去思索自己所从事的这个行业，能够获得成功的真相是什么，也会认真思考自己能否做到，将来到底该何去何从，从而走出交易困境。

第四，期货会让你按规则和计划办事。

为辨识交易机会，为防止追逐行情，为获得交易成功，交易者在每次交易前都应该有自己的交易原则和交易计划。可是由于股票市场出现行情的时候很少，而且充满谣言和误导，所以在每年仅有的几次甚至一次机会中，很少有人会想到制订交易规则和交易计划，也没有更多的机会去运用和完善它们。但是在期货中，交易机会实在很多，所以如果没有原则和计划，那么市场很快就会让你感到力不从心、不知所措，这时人们必然自觉地去学习正确的交易规则，以及如何制订交易计划。当然这个过程不是一蹴而就的，但是只要有了开始，那么就会不断进步，进而提高交易绩效。

第五，期货能够让你了解拥有健全的心理素质对交易是多么的重要。

在我们的生活中有太多的事情让我们分心，也有太多的细节被我们忽视。如果总是被这样那样的事情影响学习，总是做事考虑不周全，那么永远也无法到达交易的最高境界：尽可能长的时间拿住获利单，尽可能短的时间处理亏损单。当你不断地面临行情的开始和结束、不停地需要分析和决策时，不断地接受市场洗礼时，你才会真正明白，利弗莫尔为什么会说：投机是天下最彻头彻尾充满魔力的游戏。但是，这个游戏愚蠢的人不能玩，懒得动脑子的人不能玩，心理不健全的人不能玩，企图一夜暴富的冒险家不能玩。这些人如果贸然卷入，到头来终究是一贫如洗。

第六，期货会让你永葆谦逊，不断学习。

记得书中前辈总是强调学习和完善人格是一生一世的事情，这话的含义对于只想听他人意见、而自己不思进取的股票交易者来说，自然是难以理解的。因为他们觉得交易充其量就是价值投资、顺势交易，看看报表、学学巴菲特的书就行了，没有什么好深入研究的。但是，当你在期货日复一日的亲身研究中，你会发现，交易环节细致全面，市场也在不断变化之中，就算人性本质不变，但人们的表达和应变方式却是与时俱进的；另外人是充满惰性的，稍微放纵和膨胀自己，就会给交易带来无比的祸害。这一切都需要交易者时时关注和领会，要求交易者永远要坚持学习。在年复一年、日复一日的深入研究市场、研究交易时，你会感到书中前辈的每一句话都那么富有哲理和具有指导意义。比如，任何事情都有线索解释，要找到那些线索，就必须纵观所有可见的事物，包括所有的细节；分析的目的在于了解行为演变，而不是试图由过去的资料中寻找模式或范本，以解释目前的市场行为；非理性是市场的重要部分，看到这个层面，获利机会就会显著增加；真正能够稳定获利的方法，通常是自己发展出来的交易逻辑与策略等。尤其更重要的是，你会发现交易原理和人生哲理竟然是那么的相通。比如，利弗莫尔一再强调的时间因素，对分析趋势反转是多么重要。想想看有哪个重要反转不是通过时间渐渐形成的，比如2003年的有色金属大牛市行情，你很难辨别它的趋势是从哪一天开始变化的。而我们生活中的真正改变又何尝不是通过渐变而实现质变的呢？

曾经有位著名的励志大师说：如果你希望智力有所增长，请去图书馆、书店或者学校；如果你希望更健康，请上健身房、骑自行车或者多运动；如果你希望心灵成长，请上教堂，或找个安静地点，多冥想或祷告；如果你希望财富增长，请到一个大家都想变富有的地方，认识一群也想变有钱的朋友；如果你想扩大你的世界，请到你从未到过的地方，做以前从不敢做的事。虽然婉洋不是什么大师，但13年股票和期货的学习和交易经历，让我想说的是：如果希望交易进步、道德进步、人格进步；如果希望在股指期货中能交易顺利，那么请去了解和学习期货吧。在自尊、自强、自信、自教和自悟中，你一定会坚定自己前进的步伐。

婉　洋

2012年10月10日于北京

目　录

第一章　应该交易吗

对于绝大多数交易者来说，期货就好比是游戏——一种具有刺激性的游戏，他们狂热、执着地介入进来，期望的是短时间暴富。但是，事情不是想象中的那样，更多的人不仅没能实现短期暴富的梦想，反而赔光了所有的本钱，甚至负债累累。因此，有人告诫说，想要交易必须拥有足够的可作为冒险的资本；还有人建议说，可以加入交易或者不可以加入交易等等。这些忠告虽是好心，但不合理，对某些人来说，进行期货交易可能是一种为之付出了惨重代价的错误行动，可对于另外一些人来说，不进行期货交易却将是丧失成就自我的大好平台。所以，期货交易是否适合你，解答这个问题的唯一办法是亲身去了解它。

一、期货市场概况

期货市场是一个高度组织化的市场，有着严密的组织结构和交易制度，从而可以保障期货市场的有效运转。它由以下六部分构成。

(一)期货交易所

期货交易所是专门进行标准化期货合约买卖的场所，按照其章程的规定实行自律管理，以其全部财产承担民事责任。在现代市场经济条件下，期货交易所是一种具有高度系统性和严密性、高度组织化和规范化的交易服务组织，自身并不参与交易活动，不参与期货价格的形成，也不拥有合约标的商品，只为期货交易提供设施和服务。目前，我国经国务院批准设立的期货交易所有 4 家，分别是大连商品交易所、上海期货交易所、郑州商品交易所和中国金融期货交易所。

(二)期货结算机构

期货结算机构是期货市场的一个重要组成部分。目前我国期货交易所采用的结算机构是作为某一交易所内部机构的结算机构，它直接受控于交易所。结算机构的作用有三：一是计算期货交易盈亏；二是担保交易履约；三是控制市场风险。

(三)期货公司

期货公司是依法设立的、接受客户委托、按照客户的指令、以自己的名义为客户进行期货交易并收取交易手续费的中介组织，其交易结果由客户承担。它有如下职能：根据客户指令代理买卖期货合约、办理结算和交割手续；对客户账户进行管理，控制客户交易风险；为客户提供期货市场信息，进行期货交易咨询，充当客户的交易顾问等。

(四)期货投资者

根据进入期货市场的目的不同，期货市场投资者可以分为两类：套期保值者和投机者(投机者中包括套利者)。

套期保值者是指那些把期货市场当作转移价格风险的场所,利用期货合约作为将来在现货市场上买卖某种标的物(实物商品或者金融商品)的临时替代物,对其现在买进(或已拥有、将拥有)准备以后出售的某种标的物或对将来要买进的某种标的物价格进行保险的个人或企业。商品期货的套期保值者是生产商、加工商、经营商等，金融期货的套期保值者有金融市场的投资者(或债权人)、融资者(或债务人)、进出口商等。

期货投机者是指那些试图正确预测商品价格的未来走势，甘愿利用自己的资金去冒险，不断买进卖出期货合约，以期从价格波动中获取利润的个人或企业。按价格预测方法来区分，期货投机者可分为基本分析派和技术分析派。按投机者每笔交易的持仓时间，可分为一般交易者、当日交易者、“抢帽子”交易者。套利交易者也是投机者，但与纯粹的投机者相比，投机方式有所区别。纯粹的投机者是指单向头寸拥有者，他们做多，是认为行情看涨；做空，是认为行情看跌。如果判断正确，他们将获得较大的利益；判断失误，则将亏损严重。而套利交易是指交易者针对市场上两个相同或相关资产暂时出现的不合理价差同时进行低买高卖的交易。一般的套利方式包括跨时期套利、期现套利、跨品种套利和跨市场套利。

套期保值者和投机者在期货市场中的作用是不同的。套期保值者是期货市场存在的前提和基础，他们规避了其生产经营过程中的风险，相应转移了附着在这些风险中的收益。而投机者是期货风险的承担者，他们促进了市场流动，保障了期货市场价格发现功能的实现。

(五)期货业协会

期货行业协会组织是期货市场自我管理协调的期货业联合会，它的成立需经过政府主管部门的审查和批准，并受政府的管理。期货业协会对期货市场的管理主要表现为以下几个方面：

(1)负责会员的资格审查和登记工作。

(2)监管已登记注册会员的经营情况。

(3)协调纠纷，协调会员关系。

(4)普及期货知识，宣传期货业协会的作用。

(六)相关服务机构

包括交割仓库、银行、信息服务公司、介绍经纪商等。

二、什么样的人做期货更容易成功

(1)期货是他最爱的事业。不仅每天心甘情愿为之投入至少 12 小时以上，而且将奋斗、拼搏看作是人生的快乐和荣耀。

(2)礼貌谦虚，不耻下问，乐于接受，不断学习，不断接受新观念的挑战。

(3)拥有一个良好的学习交流环境，拥有和他同方向并走在他前面的良师益友。

(4)体验过人生的艰难和困境。

(5)拥有从失败中学习的智慧，具有极强的反省能力和总结能力。

(6)拥有乐观、正直和坚忍的品质。

(7)反应敏锐，决策迅速。

(8)不停的努力,能够把全部的注意力集中在交易上，坚持5年、10年或20年。

(9)拥有和爱惜投资资金。

(10)知道如何去等待。任何伟大的业绩不可能一蹴而就。千里之行，始于足下。

三、学做期货需要多少钱

初来期货市场学做期货的人，一般有这样三类人：第一类，刚刚学习期货甚至股票也没做过的；第二类，做股票亏了，转过来做期货的；第三类，做了几年股票并能够稳定获利的。

对于第一类交易者，最大的心愿就是启动资金越少越好，并把这个当作他们选择期货公司的一个重要条件，而众多期货公司也恰恰是利用这个心理以相互竞争。我个人认为这是非常错误的。比如，有5000元，那么在目前的市场中，只能做一手玉米或麦子。由于是新手，交易方法基本都是从别人那里得来的。那么这个方法是否有效？可靠性有多大？是否符合本人？等等，这都需要金钱来衡量。并且交易过程中，所欠缺的技巧和心理素质也都需要真枪实弹才能体现出来，而所有这些在几笔、几十笔交易中，是无法领会和掌握的。那么经过几次、几十次的失败，当初的5000元还剩多少呢？况且仅仅做玉米或麦子，能够学习的机会太少太少了，比如2008年7月、8月农产品持续10多天的空头波段行情，玉米和麦子几乎就没有动，那么勉强做它就是很吃亏。因此，新手来学期货，起码要有10万元以上(据本人观察，初始资金在50万左右的投资者学习优势更大一些)，最小量去尝试操作有色金属和黄金以外的品种，而且是抱着学习的态度，而不是一夜暴富的心理。

对于第二类在股票市场中赔了钱，想到期货市场中捞回老本或赚些钱的交易者，大多都是觉得期货赚钱快、本钱少才来做期货的。可是他们缺少了解的是，他们那种以几千元就能来期货中赚回股票中赔的几十万甚至几百万，根本就是不可能的。虽然股票和期货都是投机行业，但是由于期货的保证金制度以及不同于股票的多空双向交易规则，使得期货赚与赔是相通的，而且对于新手来说，显然是赔的更快。因此对于这类交易者，要想节省学习成本，那么还是请在场外模拟和观察一下期货市场，学习交易规则，并看看你目前所要交易的方法在期货中有多大胜率。然后再去慢慢交易，当然这一切也需要你有10万才行。

对于第三类做了几年股票并能够稳定获利的交易者来说，初始资金虽然不是障碍，但是还是用少部分钱来学习和熟悉一下交易规则和交易环境为好。因为在学习中会发现，在期货交易过程中，技术分析能力和自律能力要比股票高得多，如果不能及时识别趋势性质、识别噪音以及识别调整的开始和结束，如果缺乏资金管理，那么资金风险将会非常大，甚至一次满仓交易就可能被扫地出门。

四、期货学习的步骤

(1)全面了解期货市场。

(2)学习并掌握市场分析方法。

(3)形成自己的分析体系并建立交易规则。

(4)实现复制性学习到创造性学习的质变。

(5)培养高超交易技能、灵活运用交易策略。

(6)在学习和交易中培养严格的自律和谦卑精神。

(7)永远进取、永不放弃。

五、我将如何取胜

期货学习的目的，是拥有高超的预测技能和行动技能，从而在期货市场中实现稳定获利。那么，学习环境是否有利于这两个方面的学习和掌握？从理解和认识期货市场功用、从了解规则到学习交易方法、从模拟实验到实盘操作等，不仅需要投入大量的时间，更需要坚定的毅力，对于这点计划投多少时间在里面？有足够的时间和精力保证吗？能忍受长久的亏损吗？美国期货专家杰克·伯恩斯坦说得好："期货交易需要极大能力和最充分准备的严峻考验，而不仅仅在高赌注的赌博中试运气。每一位想成为交易商的人都应在尝试期货交易前进行感情和智力两方面的准备。"

以上五个方面的知识可以通过两个渠道来获得：一个是网络文章，一个是期货图书，通过阅读，要明白以下五点：

(1)在期货交易这行，每天都要迎接新的知识挑战和不断地进行精神洗礼。

(2)要获得期货交易成功，没有捷径，也没有菜谱式的公式，新手必须经过时间的历练、知识的掌握、经验的积累才能成为成熟的交易者，才能应用逻辑分析，浓缩市场精华，所以先求生存，后求卓越。

(3)期货交易不是一门科学，它更多的是一门艺术。没有任何人可以创造一种系统或方法，能够精确预测每一个行情转折。

(4)期货市场中九亏一赢，造成这样的后果是因为人性的弱点而不是其他外在因素。

(5)如果一个人能清醒地认识到交易中亏损的风险,能为获得成功不懈努力并具有自律精神的话,期货交易将为他提供一条通往巨额财富的谋生之路。

第二章　解读期货市场

一、期货市场的特点

(一)期货合约的标准化

期货合约是由期货交易所统一制定的，规定在某一特定的时间和地点交割一定数量和质量商品的标准化合约。期货交易的是买卖对象或标的物，持有期货合约并不意味着对期货合约的标的物有所有权，也不能从标的物中获得任何收益。期货合约只是一个双向的承诺，一方承诺交割标的物，另一方则承诺接受标的物并支出货款。另外期货价格并不是实物的交易价格，期货价格是通过公开竞价来达成。

1. 期货合约标准化的数量和数量单位

每种商品的期货合约规定了统一的、标准化的数量和数量单位，统称“交易单位”。例如上海期货交易所规定每张铜合约单位为5吨，每个合约单位称之为1手。你想在上海期货交易所买卖铜期货合约，最少也要买5吨，这在期货市场就叫作1手。在期货市场中，你不可以买4吨或6吨，只能买5吨的倍数。

2. 期货合约标准化的商品质量等级

在期货交易过程中，交易双方毋需再对商品的质量进行协商，交易所一般采用的是国家制定的商品质量等级标准，并规定期货交割的标准品、替代品以及升贴水标准。这大大方便了交易者。

3. 期货合约标准化的交割地点

期货交易所在期货合约中为期货交易的实物交割确定经交易所注册的统一的交割仓库，以保证双方交割顺利进行。

4. 期货合约标准化的交割期和交割程序

期货合约具有不同的交割月份，交易者可自行选择，一旦选定之后，在交割月份到来之时如仍未对冲掉手中合约，就要按交易所规定的交割程序进行实物交割。

5. 交易者统一遵守的交易报价单位

最小变动价位条款是指期货交易买卖双方报价所允许的最小变动幅度，每次报价时价格的变动必须是这个最小变动价位的整数倍。如上海期货交易所燃料油期货合约的最小变动价位为 1 元 / 吨。

(二)上市交易的期货合约种类

目前，经中国证监会批准，可以上市交易的期货合约共 28 个(详细内容请登录各交易所网站查看)。其中，在上海期货交易所交易的合约有：铜、铝、锌、橡胶、燃料油、螺纹、黄金、线材、铅。在郑州商品交易所交易的合约有：硬麦、强麦、棉花一、棉花二、白糖、PTA、菜籽油、籼稻、甲醇。在大连商品交易所交易的合约有：玉米、黄大豆 1 号、黄大豆 2 号、豆粕、豆油、棕榈油、塑料、PVC、焦炭。在中国金融期货交易所交易的合约有：沪深 300 指数。

(三)实行保证金交易

期货交易的独特和魅力之处就是保证金制度。保证金制度是指在期货交易中任何交易者在交易前都必须在账户中存入一定数量的资金，用于交易、结算和保证履约。由于客户买卖期货合约时，只需按照合约价值的一定比例缴纳资金，而无需全额支付，这使得期货交易盈亏产生了杠杆效应。一般来说，交易者交易时需要向期货公司缴纳的保证金数额为合约金额的5%～10%。当出现下列情况时，交易所可以根据市场风险调整其交易保证金水平：

(1)持仓量达到一定的水平时。

(2)临近交割期时。

(3)连续数个交易日的累计涨跌幅达到一定水平时。

(4)连续出现涨跌停板时。

(5)遇国家法定长假时。

(6)交易所认为市场风险明显增大时。

(7)交易所认为必要的其他情况。

保证金是逐日结算的，结算后如果有盈余，交易者可以支取或再入市买卖；如果有损失且账面保证金低于期货公司规定，需维持交易的最低保证金水平时，必须在下一个交易日开市前及时补足，如果不能补足，期货公司在通知交易者的情况下可以实行强制平仓。

(四)双向市场操作

期货交易可做双向交易，在预测价格上涨时可先买后卖做多获利；也可在预测价格下跌时先卖后买做空获利。这使得交易机会增加很多。期货交易也可即开即平，随时买卖。平仓，资金可即时释放。

(五)合约到期后进入实物交割

由于绝大多数交易者的交易目的是从期货合约的价格变化中获利，所以在期货市场中，大部分交易者买卖的期货合约在到期前都是以对冲的形式进行了结的，也就是说买进期货合约的人，在合约到期前可以将期货合约卖掉；卖出期货合约的人，在合约到期前可以买进期货合约来平仓。先买后卖或先卖后买都是允许的，但是如果到期不了结头寸，那么就要进行交易商品的实际交割。一般来说，期货交易中进行实物交割的只是很少量的一部分，对于普通交易者来说，要避免实物交割。

现举例说明某一期货合约上市运行阶段时间段的划分方法。如 Cu0305，其运行阶段是从 2002 年 5 月 16 日至 2003 年 5 月 15 日止，其中 2002 年 5 月 16 日为该合约新上市挂牌之日，2003 年 5 月 15 日为最后交易日，2003 年 5 月 14 日为最后交易日前一个交易日，2003 年 5 月 13 日为最后交易日前两个交易日，2003 年 5 月为交割月份，2003 年 4 月为交割月前第一月，2003 年 3 月为交割月前第二月，2003 年 2 月为交割月前第三月。示意图如下：

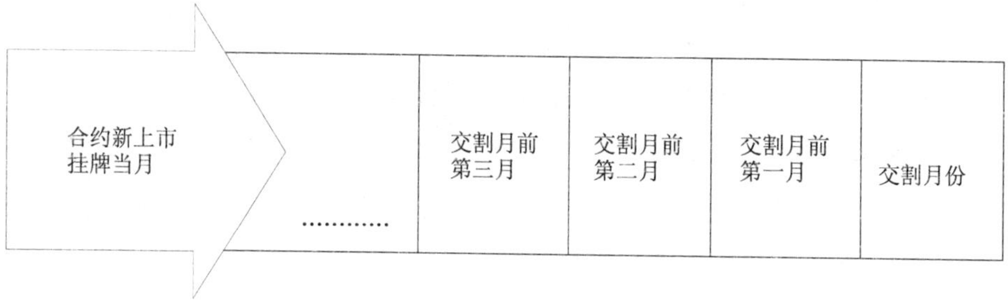

二、期货交易的机制

(一)期货交易的定义

期货交易是在现货交易、远期交易的基础上发展起来的，通过在期货交易所买卖标准化的期货合约而进行的一种有组织的交易方式。

期货交易的对象并不是商品(标的物)的实体，而是商品(标的物)的标准化合约。期货价格一般由商品生产成本、期货交易成本、期货商品流通费用和预期利润四部分组成。

(二)期货交易的种类

根据交易者交易目的不同，将期货交易行为分为三类：套期保值、投机和套利。下面分别介绍这三种期货交易。

1. 套期保值

(1)套期保值的概念。

套期保值是指不以获利为目的，而是以规避现货价格风险为目的的期货交易行为。传统的套期保值是指生产经营者在现货市场上买进或卖出一定量的现货商品的同时，在期货市场上卖出或买进与现货品种相同，数量相当，但方向相反的期货商品(期货合约)，以一个市场的盈利弥补另一个市场的亏损，达到规避价格波动风险的目的。

(2)套期保值的类型。

套期保值分为买入套期保值和卖出套期保值。买入套期保值是指通过期货市场买入期货合约，以防止因现货价格上涨而遭受损失的行为，它适用于那些允诺在将来提供某种现货商品进行交割的人。卖出套期保值则指通过期货市场卖出期货合约，以防止因现货价格下跌而造成损失的行为，它适用于那些生产、存储加工或分销某种现货商品的人。

(3)套期保值的作用。

套期保值是期货市场产生的原动力。无论是农产品期货市场，还是金属、能源期货市场，其产生都是源于生产经营过程中面临现货价格剧烈波动而带来风险时自发形成的买卖远期合同的交易行为。这种远期合约买卖的交易机制经过不断完善，例如将合约标准化、引入对冲机制、建立保证金制度等，从而形成现代意义的期货交易。企业通过期货市场为生产经营买了保险，保证了生产经营活动的可持续发展。可以说没有套期保值，期货市场也就不是期货市场了。

(4)套期保值的原理。

同种商品的期货价格走势与现货价格走势一致；现货市场与期货市场价格随期货合约到期日的临近，两者趋向一致。

(5)套期保值的操作原则。

①商品种类相同原则；

②商品数量相等原则；

③月份相同或相近原则；

④交易方向相反原则。

在股指期货推出前，参与套保期货的一般是机构客户，股指期货推出后，一些资金较大的个人投资者也参与到套期保值中来，利用股指期货对手中的股票进行保值。

2. 投机

(1)投机的概念。

“投机”一词用于期货、证券交易行为中，并不是“贬义词”，而是“中性词”，指根据对市场的判断，把握机会，利用市场出现的价差进行买卖，从中获得利润的交易行为。投机者可以“买空”，也可以“卖空”。投机的目的很直接，就是获得价差利润，但投机是有风险的。

(2)投机者的类型。

期货市场中投机者大致可分为下面几类。

①按交易头寸区分，可分为多头投机者和空头投机者；

②按交易量大小区分，可分为大投机商和中小投机商；

③按分析预测方法区分，可分为基本分析派和技术分析派；

④按持仓时间区分，可分为中长线交易者、波段交易者、短线交易者、日内交易者。

投机者是期货市场的重要组成部分，是期货市场必不可少的润滑剂。投机交易增强了市场的流动性，承担了套期保值交易转移的风险，是期货市场正常运营的保证。

3. 套利

(1)套利的概念。

套利是指同时买进和卖出两张不同种类的期货合约。交易者买进自认为是“便宜的”合约，同时卖出那些“高价的”合约，从两个合约价格间的变动关系中获利。在进行套利时，交易者注意的是合约之间的相互价格关系，而不是绝对价格水平。

(2)套利的种类。

套利分为三类：跨期套利、跨市套利和跨商品套利。

跨期套利是套利交易中最普遍的一种，是利用同一商品但不同交割月份之间正常价格差距出现异常变化时进行对冲而获利的，又可分为牛市套利(bull spread)和熊市套利(bear spread)两种形式。例如在进行金属牛市套利时，交易所买入近期交割月份的金属合约，同时卖出远期交割月份的金属合约，希望近期合约价格上涨幅度大于远期合约价格的上涨幅度；而熊市套利则相反，即卖出近期交割月份合约，买入远期交割月份合约，并期望远期合约价格下跌幅度小于近期合约的价格下跌幅度。

跨市套利是在不同交易所之间的套利交易行为。当同一期货商品合约在两个或更多的交易所进行交易时，由于区域间的地理差别，各商品合约间存在一定的价差关系。例如伦敦金属交易所(LME)与上海期货交易所(SHFE)都进行阴极铜的期货交易，每年两个市场间会出现几次价差超出正常范围的情况，这为交易者的跨市套利提供了机会。例如当LME铜价低于SHFE时，交易者可以在买入LME铜合约的同时，卖出SHFE的铜合约，待两个市场价格关系恢复正常时再将买卖合约对冲平仓并从中获利，反之亦然。在做跨市套利时应注意影响各市场价格差的几个因素，如运费、关税、汇率等。

跨商品套利指的是利用两种不同的但相关联商品之间的价差进行交易。这两种商品之间具有相互替代性或受同一供求因素制约。跨商品套利的交易形式是同时买进和卖出相同交割月份但不同种类的商品期货合约。例如金属之间、农产品之间、金属与能源之间等都可以进行套利交易。套利的主要作用一是帮助扭曲的市场价格恢复到正常水平；二是增强市场的流动性。

(三)套期保值、投机和套利三者之间的关系

套期保值、投机和套利作为期货市场交易的主要形式，具有相同的特点。首先，三者都是期货市场的重要组成部分，对期货市场的作用相辅相成；其次，都必须依据对市场走势的判断来确定交易的方向；第三，三者选择买卖

时机的方法及操作手法基本相同。但三者又有一定区别：①交易目的不同，套期保值的目的是规避现货市场价格风险，锁定价格，消除资产价格变动风险；投机目的是赚取风险利润；套利则是获取较为稳定的价差收益。②承担的风险不同，套期保值承担的风险最小，套利次之，投机最大。保值量超过正常的产量或消费量就是投机，跨期套利、跨市套利如果伴随着现货交易，则也可以当作保值交易。

三、期货合约的种类

(一)商品期货合约

商品期货合约分为四类：农产品期货、基本金属期货、能源化工期货和贵金属期货。

1. 农产品期货合约

目前，在我国期货市场上市的农产品期货合约主要有大豆、豆粕、豆油、棕榈油、菜籽油、小麦、玉米、籼稻、棉花、白糖。小麦、玉米、籼稻因受国家政策保护，市场化程度较低外，其他品种则市场化程度较高，有着较强的国际联动性。

在分析小麦、玉米、籼稻以外的农产品价格走势时，不仅要分析国内种植条件、供求因素和市场容量之外，还要分析国外相关品种的市场走势和影响因素。同时需要注意的是，农产品是季节性品种，受种植条件和资源禀赋限制，所以价格行情具有明显的季节性，多头行情表现比较明显。

2. 基本金属期货合约

基本金属是国民经济发展的基础材料，金属需求与宏观经济发展呈现正相关，被市场赋予商品和金融双重属性。国家政策对于基本金属价格的影响包括两个方面：一是国家产业政策对于基本金属价格的影响，例如推出限制行业准入、禁止盲目投资扩张政策，减少供给量，支持价格等。二是国家贸易政策对于基本金属价格的影响，例如进出口关税、出口退税、补贴等调节政策。

基本金属期货行情周期性较为明显。一般来说，由供不应求引起的行情都会持续数年以上，比如2003～2006年的大牛市。目前在我国期货市场上市的基本金属期货合约主要有铜、铝、锌、螺纹、线材、铅。

3. 能源化工期货合约

目前我国期货市场能源化工期货合约有橡胶、燃料油、PTA、塑料、PVC、焦炭、甲醇，由于它们的价格受消费拉动和成本推动影响，所以分析上要通过宏观经济形势、产业链动态、资金流向、品种特点及成本核算进行。

4. 贵金属期货合约

在我国期货市场上，贵金属品种仅有黄金一个品种。黄金生产来源于矿产资源和二次资源两方面，主要受国家政策、资源状况和生产成本等因素影响。黄金作为终极资产，是应对危机的保障资产，也是各国维持货币体系和货币制度信心的基础。影响黄金走势的因素主要有美元走势、原油、地缘政治以及通货膨胀等，一般来说，黄金与美元走势负相关，黄金与原油走势大体正相关，只要局势动荡及未来经济不确定题材不止，黄金就会成为资金追逐的对象，恶性通货膨胀时金价明显上升。

(二)金融期货合约

目前在我国期货市场中金融期货合约只有股指期货合约，影响股指的因素主要有经济增长与通胀、经济政策、股票市场的供给与需求、市场情绪等。

四、期货风险的产生与防范

期货市场是大众投资市场，是规避现货市场价格风险的工具。但期货市场本身有其自身的特点，作为大众投资市场的期货市场也有其特有的风险。

期货市场的风险是客观存在的，它体现了市场风险的共性。在任何市场中，都存在由于不确定性因素而导致损失的可能性。引发期货市场风险的主要成因有价格波动、交易者的非理性投机、市场机制的不够健全及保证金交易的杠杆效应，其中，保证金交易的杠杆效应则是期货交易所特有的因素。因此，期货市场在给套期保值者规避风险提供有效手段的同时，也有其自身的风险，可以说，没有风险，就没有期货市场。当然，期货市场并不是产生风险的场所。同时，与风险相伴的是机会，高风险孕育着高回报，关键在投资者如何认识、规避市场风险，捕捉时机，以正合，以奇胜。

(一)期货市场风险的分类

根据风险的不同影响作用，期货市场可分为系统风险与非系统风险；根据风险的可控性，可分为可控风险与不可控风险；根据风险的主体不同，可分为政府管理风险、交易所管理风险、期货经纪公司服务风险和客户交易风险。

对从事期货交易的投资者来说，具体面对的主要有经纪委托风险、流动性风险、强行平仓风险、交割风险和市场风险。

1. 经纪委托风险

经纪委托风险是交易者在选择和期货经纪公司确立委托过程中产生的风险。

交易者在选择期货经纪公司时，应对期货经纪公司的规模、资信、经营状况等对比选择，确立最佳选择后与该公司签订《期货经纪委托合同》。

譬如 20 世纪 90 年代初，期货市场早期制度不健全、不完善，投资者的法律意识和自我保护意识也不强，“南金中富”期货公司客户状告公司欺诈就是一个典型的例子。

因此，投资者在准备进入期货市场时必须仔细考察、慎重决策，挑选有实力、有信誉的公司，重要的是要与公司签订《期货经纪委托合同》，绝对不能仅凭君子协定就草草进场。

2. 流动性风险

流动性风险是由于市场流动性差，期货交易难以迅速、及时、方便地成交所产生的风险。

这种风险在客户建仓与平仓时表现得尤为突出。如建仓时，交易者难以在理想的时机和价位入市建仓，难以按预期构想操作，套期保值者不能建立最佳套期保值组合；平仓时则难以用对冲方式进行平仓，尤其是在期货价格呈连续单边走势，或临近交割，市场流动性降低，使交易者不能及时平仓而遭受惨重损失。

举例来说，2000 年 9 月某日，一客户打算在铜价为 19700 元 / 吨时，抛空 5 手(25 吨)铜，但是，由于市场普遍担心铜价偏高，市场有价无市，该客户的投资计划因此而难以实现。同样，当市场出现大的行情时，有时期价会向一个方向连续运行，致使平仓发生困难。这些都是流动性风险所造成的。

因此，要避免遭受流动性风险，重要的是客户要注意市场的容量，研究多空双方的主力构成，以免进入单方面强势主导的单边市场。

3. 强行平仓风险

期货交易实行由期货交易所和期货经纪公司分级进行的每日结算制度。在结算环节，由于公司根据交易所提供的结算结果，每天都要对交易者的盈亏状况进行结算，所以当期货价格波动较大、保证金不能在规定时间内补足的话，交易者可能面临强行平仓风险。

除了保证金不足造成的强行平仓外，还有当客户委托的经纪公司的持仓总量超出一定限量时，也会造成经纪公司被强行平仓，进而影响客户强行平仓的情形。

因此，客户在交易时，要时刻注意自己的资金状况，防止由于保证金不足，造成强行平仓，给自己带来重大损失。

4. 交割风险

期货合约都有期限，当合约到期时，所有未平仓合约都必须进行实物交割。因此，不准备进行交割的客户应在合约到期之前将持有的未平仓合约及时平仓，以免承担交割责任。

这是期货市场与其他投资市场相比较为特殊的一点，新入市的投资者尤其要注意这个环节，尽可能不要将手中的合约持有至临近交割，以避免陷入被“逼仓”的困境。

所谓“逼仓”，就是在临近交割时，多方(或空方)凭借其资金优势逼空方(或多方)，当对手无法筹措足够的实物(或资金)时，就可逼对手认输，平仓离场。

5. 市场风险

客户在期货交易中，最大的风险来源于市场价格的波动。这种价格波动给客户带来交易盈利或损失的风险。因为杠杆原理的作用，这个风险是放大了的，投资者应时刻注意防范。

(二)期货市场风险的特征

期货市场的各种风险与现货市场相比有风险放大的特征，主要体现在以下五个方面：

(1)参与期货交易的商品通常是价格波动较为频繁的商品，期货价格易与现货价格产生强烈的共振，扩大风险面，加剧风险度。

(2)期货交易具有“以小博大”的特征，投机性较强，交易者的过度投机心理容易诱发风险行为，增加了风险产生的可能性。

(3)期货交易不同于一般的现货交易，期货交易是连续性的合约买卖活动，风险易于延伸，引发连锁反应。

(4)期货交易量大，风险集中，造成的盈亏大。

(5)期货交易具有远期性，未来不确定性因素多，预测难度大。

(四)交易所控制风险的措施

期货交易所作为期货交易的一线管理机构，对市场风险有充分的认识，在期货交易近百年的发展中，期货交易所形成了一整套行之有效的风险管理制度。

这些制度主要是保证金制度、涨跌停板制度、持仓限额制度、大户报告制度和强行平仓制度。

1. 保证金制度

保证金制度就是在期货交易中，每一个交易者必须按所买卖期货合约价值的一定比例(通常为 5%～10%)缴纳少量资金，作为履行期货合约的财力担保，并视期货价格变动情况确定是否追加资金，以使保证金水平保持在相应的水平之上。这从制度上保证了参与期货交易的每一个交易者履行合约的诚信。

2. 涨跌停板制度

涨跌停板制度是指期货合约在一个交易日中的交易价格不得高于或低于规定的涨跌幅度，超过这个幅度的报价将被视为无效，不能成交。这是与保证金制度相配套的重要的风险管理制度，它最低限度地保证每一个交易者的保证金能抵御一天的交易风险，通过每日无负债结算制度(即在当天的交易中出现亏损的交易者，必须在次日开市前补足保证金)，从理论上期货交易的交易风险被控制在了最低限度。

3. 持仓限额制度

持仓限额制度是指期货交易所为防范操纵市场价格的行为，防止期货市场风险过度集中于少数投资者，对会员及客户的持仓数量进行限制的制度。超过限额，交易所可按规定强行平仓或提高保证金比例。这是交易所控制市场风险程度，防范风险扩大的重要措施。

4. 大户报告制度

大户报告制度是指当会员或客户某品种持仓合约的投机头寸达到交易所对其规定的投机头寸持仓限量 80%以上(含本数)时，会员或客户(通过经纪会员)应向交易所报告其资金情况、头寸情况等。这是与持仓限额制度紧密相关的防范大户操纵市场价格、控制市场风险的重要制度。

5. 强行平仓制度

强行平仓制度是指当会员或客户的交易保证金不足并未在规定时间内补足，或者当会员或客户的持仓数量超出规定的限额时，交易所或期货经纪公司为了防止风险进一步扩大，实行强制平仓的制度。这是交易所或期货经纪公司控制市场风险，化解市场风险的重要制度。

另外，与控制风险相关的制度还有每日无负债结算制度和风险准备金制度。

(五)投资者控制风险的手段

作为期货市场的投资者，特别是新进入期货市场的新手，在进行期货交易时，需要注意几个方面：

(1)严格遵守期货交易所和期货经纪公司的一切风险管理制度。如若违反这些制度，将使你处于非常被动的地位。

(2)投资的资金、规模必须正当、适度。如果资金渠道有问题，一旦抽紧，势必影响交易；而交易规模如果失当，盲目下单、过量下单，就会使你面临超越自己财力、能力的巨大风险。切记，期货市场是风险投资市场，绝不是赌场，不要把自己降格为一个赌徒。

(3)要有良好的投资战略。根据自己的条件(资金、时间、健康等)，培养良好的心理素质，不断充实自己，逐步形成自己的投资战略。

(4)关注信息、分析形势，注意期货市场风险的每一个环节。期货市场是一个消息满天飞的地方，要逐步培养分析能力，充分掌握有价值的信息。同时，时刻注意市场的变化，提高自己反应的灵敏度。记住，市场永远是对的。

市场风险是不可预知的，但又是可以通过分析而加以防范的。在这方面，投资者要做的工作很多，最主要的就是在入市投资时，首先要从自己熟悉的品种做起，做好基础工作，从基本面分析做起，辅之以技术分析，能从套期保值做起更为稳妥。千万不能逆势而为，初期一定要设好“止损点”，以免损失不断扩大，难以全身而退。

第三章　交易前的准备

一、选择期货公司

在我国，客户参与期货交易只能通过期货公司进行，期货公司是交易者与期货交易之间的纽带和桥梁。交易者在选择期货公司时，应注意以下几个方面：

(1)公司运作规范，合理合法，不损害投资者利益，保证金和手续费的收取标准合理。

(2)公司提供的接收和执行交易指令的软件迅速准确。

(3)公司能够保证资金安全，能提供银行与期货转账业务。

(4)公司工作人员素质高、能力强，能够提供良好的服务，拥有丰富的交易经验、良好的判断能力和综合能力。

另外，交易者还要根据自身条件，进行更深一步地筛选。对于没有或缺少期货交易经验或知识的新手，要注意选择有耐心、细致且熟悉与新手有关细节的期货公司；对于有一定经验的短线交易者来说，要注意选择能在合理的价格迅速高效地执行订单的期货公司；对于长线交易者来说，要注意选择能够正确提供基本数据和统计资料的期货公司。

二、开户

投资者在经过对比、判断，选定期货公司之后，就可以向该期货公司提出委托申请，开立账户。开立账户实质上是投资者(委托人)与期货公司(代理人)之间建立的一种法律关系，所以必须慎重对待。

一般来说，各期货公司为客户开设账户的程序及所需的文件不尽相同，但基本程序及方法大致相同。

(一)风险揭示

客户委托期货公司从事期货交易必须事先在期货公司办理开户登记。

期货公司在接受客货开户申请时，需向客户提供《期货交易风险说明书》。个人客户应在仔细阅读并理解后，在该《期货交易风险说明书》上签字；单位客户应在仔细阅读并理解之后，由单位法定代表人在该《期货交易风险说明书》上签字并加盖单位公章。

(二)签署合同

期货公司在接受客户开户申请时，双方须签署《期货经纪合同》。个人客户应在该合同上签字，单位客户应由法定代表人在该合同上签字并加盖公章。

个人开户应提供本人身份证、本人头部正面照片、留存印鉴或签名样卡。单位开户应提供《企业法人营业执照》影印件，并提供法定代表人及本单位期货交易业务执行人的姓名、联系电话、单位及其法定代表人或单位负责人印鉴等内容的书面材料，及法定代表人授权期货交易业务执行人的书面授权书。对于异地开户的个人交易者要提供身份证正面扫描件、头部正面照片。影像资料的格式要求为：照相要求：头部正面照，人像清晰，层次丰富，神态自然，无明显畸变，姿态端正，头部正直。头部占照片尺寸的2/3，照片长宽规格比为4(高):3(宽)，24位真彩色。扫描件要求：图像、文字清晰可辨，方向不颠倒。扫描件长宽比例与原件一致。所有照片和扫描件的影像资料均为jpg格式图片。

交易所实行客户交易编码登记备案制度，客户开户时应由期货经纪公司按交易所统一的编码规则进行编号，一户一码，专码专用，不得混码交易。

期货经纪公司注销客户的交易编码，应向交易所备案。

期货公司对合同审核完毕盖章后，将其中一份转交客户本人保存，然后为客户开通银行和期货公司转账功能。对不能开通银期转账的客户将告知公司入金账号，并书面或电话通知客户交易初始密码、资金调拨初始密码、结算查询初始密码等。要注意的是，开户工作完成以后，在注入资金前一定要修改初始密码，然后才可以注入资金。

三、建立资金账户

在期货公司签署期货经纪合同之后，就可以按规定缴纳开户保证金，即建立资金账户。保证金的缴纳有以下几种形式：现金交款、转账支票、电子汇票。目前最方便而且安全实用的是银期转账。这套系统采用的是客户密码、资金密码、储蓄密码等多级安全系统，使投资者入金的安全性得以保障(目前仅对个人投资者开放此业务，机构投资者还不可以)。期货公司向客户收取的保证金属于客户所有；期货经纪公司除按照规定为客户向期货交易所交存保证金进行交易结算外，严禁挪做他用。

四、掌握看盘要点

(一)国内交易所交易时间

国内期货的具体交易时间如表 3-1 所示。

表 3-1 国内期货交易时间表

	商品期货	股指期货
集合竞价时间	08：55～08：59	09：10～09：14
撮合成交时间	08：59～09：00	09：14～09：15
上午交易时间	09：00～11：30	09：15～11：30

续表

	商品期货	股指期货
小节休息时间	10：15～10：30	
下午交易时间	13：30～15：00	13：00～15：15

(二)设置自选板块

截至 2011 年 9 月 1 日，在我国上市的期货品种共有 28 个，其中活跃合约共有 22 个，再加上外盘品种，把它们归属于以下 6 个类别板块中。

(1)金属板块：铜、铝、锌、螺纹、黄金。

(2)能源化工板块：橡胶、燃料油、PTA、塑料、PVC、焦炭、甲醇。

(3)油脂板块：豆油、棕榈油、菜籽油。

(4)农产品板块：棉花一、白糖、黄大豆 1 号、豆粕、强麦、籼稻、玉米。

(5)金融期货板块：沪深 300 指数。

(6)外盘板块：美原油、伦敦铜、美元指数等。

把以上品种的主力合约选取到自选板块中后，则会出现如下画面，如图 3-1 所示。

名称	最新	涨跌	幅度%	现手	买价	卖价	买量	卖量	成交量	额/仓	仓差	结算价	开盘	最高	最低	昨收/昨结	代码	序↓
[illegible]	[illegible]	[illegible]	[illegible]	[illegible]	[illegible]	[illegible]	[illegible]	[illegible]	[illegible]	[illegible]	[illegible]	[illegible]	[illegible]	[illegible]	[illegible]	[illegible]	[illegible]	1
沪铝1110	17570	-10	-0.06	36	17560	17565	10	4	582	86018	-36	17562	17535	17570	17535	17580	010110	2
沪锌1111	17170	-90	-0.52	[illegible]	17165	17170	257	45	66436	259524	-1794	17176	17180	17215	17135	17260	010311	3
螺纹1201	[illegible]	-12	-0.25	[illegible]	4819	4820	562	63	51512	359128	8172	4820	4825	4826	4815	4831	010601	4
黄金1112	[illegible]	1.35	0.36	[illegible]	378.68	378.70	1	6	28094	98632	186	378.24	377.80	378.89	377.61	377.35	010512	5
橡胶1201	33885	-250	-0.73	2	33880	33885	383	20	89938	200816	13414	33888	33820	33955	33815	34135	010701	6
燃油1112	4936	-6	-0.12	4	4935	4937	2	7	212	18332	-6	4934	4944	4944	4930	4942	010212	7
PTA 1201	10008	-66	-0.66	[illegible]	10008	10010	119	203	256992	437618	7034	10016	9980	10034	9980	10074	030701	8
L 1201	[illegible]	-100	-0.91	[illegible]	10840	10845	1024	715	149952	311586	-4026	10848	10830	10870	10810	10940	020401	9
PVC 1201	7865	-40	-0.51	2	7865	7870	157	41	3244	48330	54	7863	7865	7875	7845	7905	020601	10
焦炭1201	2234	-5	-0.22	2	2233	2234	19	6	870	7438	-60	2234	2238	2239	2230	2239	020701	11
豆油1205	10462	14	0.13	[illegible]	10460	10462	725	376	184282	726232	38850	10439	10400	10480	10396	10448	020205	12
棕榈1205	9040	-18	-0.20	[illegible]	9038	9040	127	85	55254	390030	3484	9032	9010	9056	9004	9058	020505	13
菜油1201	10588	-26	-0.24	2	10586	10588	12	1	3468	82910	-46	10574	10560	10596	10546	10614	030801	14
棉一1205	[illegible]	10	0.05	[illegible]	21720	21725	120	9	190984	482678	17062	21760	21680	21830	21655	21710	030505	15
白糖1201	[illegible]	-43	-0.60	[illegible]	7162	7163	67	26	148008	564430	6020	7175	7182	7197	7161	7206	032301	16
豆一1205	4734	-13	-0.27	[illegible]	4733	4734	109	110	65220	448522	3506	4732	4726	4743	4720	4747	022005	17
豆粕1205	3402	-11	-0.32	[illegible]	3402	3403	37	338	155266	1083632	-5488	3397	3399	3405	3385	3413	020105	18
强麦1201	2687	-5	-0.19	2	2687	2688	45	30	3960	117554	-88	2687	2686	2690	2682	2692	031101	19
玉米1205	2398	2	0.08	[illegible]	2398	2399	878	980	57092	304048	17032	2399	2387	2402	2386	2396	020305	20
籼稻1201	2602	-4	-0.15	2	2601	2603	50	15	5894	79824	-550	2605	2599	2613	2598	2606	030901	21
IF 1109	2829.0	-4.0	-0.14	[illegible]	2828.8	2829.0	5	9	12528	31685	1604	---	2821.0	2837.0	2821.0	2833.0	040109	22

图 3-1　自选板块列表

这样设置的好处可以帮助我们第一时间了解盘面气氛。交易时间看盘只要看自选板块就可以了。

(三)看盘要点

(1)早 8：59 的开盘：开盘价是一天中最重要的价格，是多空双方经过收盘后的休息并且反复斟酌所有条件后得到的短暂统一结果的表现。影响它的因素有两个：一个是外盘的收市价格；一个是收盘后各媒体公布的货币政策、供求关系、相关言论等消息的刺激作用。

(2)9：00～9：05 的修正开盘：如果外盘或消息面对昨日多单或空单不利，尤其是在压力或支撑区间处，外盘出现了突破，那么早盘这 5 分钟，止损盘和跟风盘会大量涌现出来，使得早盘出现绝好的日内机会。

(3)9：05～9：30 的多空争斗：经过早盘的利多或利空消化，多空双方在这段时间里开始拼斗和强化，这段时间内除非是单边行情发展中，否则在震荡行情中不要追涨杀跌，避免当日被套。

(4)9：30～14：30 多空双方力量基本揭晓，或继续早盘势头上涨或下跌，给予不错的进场点，或结束早盘势头开始反向运动，或维持震荡整理。

(5)14：30～15：00 收盘前的修正尾盘：对多空双方力量的再确认。价格有时会在收盘前 10 分钟左右出现相反方向的走势，这可能是日内交易者的平仓出局。

(四)看盘中需要注意的几个问题

(1)市场如何开盘？8：59 开盘后，要尽快了解当日多空气氛，是市场整体走强还是某个板块独立走强？开盘位置如何？如果是一波大行情，那么整体市场都会很强，操作上要采取趋势交易模式，底仓及加仓运作，比如 2003～2006 年的期货牛市；如果是题材行情，那么板块会整体走强，操作上采取波段交易模式；如果只是单独某个品种走强，那么则采用日内或短线模式，快进快出。

(2)当前市场是否有热点？驱动力是什么？交易方向是什么？波动性如何？

(3)近月合约与远月合约差价关系如何？

五、交易品种选择

很多新手选择品种很是盲目，基本上是根据自己的偏好来选的，这是错误的。对于新手来说，要尽可能了解所有品种特性，然后根据情况选择。主要有如下两个原则：

(1)选择热门品种。近年来，我国期货市场已不再是清一色齐涨齐跌走势，而是经常呈现板块走势。比如2009年的行情是有色金属、能源化工、农产品三个板块轮涨，2010年是以棉花为代表的农产品行情。

(2)选择主力合约。主力合约是指所有某个品种所有合约中，成交量和持仓量最大并且两者呈上升趋势的那个合约。比如2011年9月1日铜的主力合约是沪铜1111，白糖的主力合约是白糖1201和白糖1205。一般来说大部分品种只有一个主力合约，而郑州交易所的白糖、棉花、强麦因为套利的关系，经常会出现两个主力合约。

六、建立头寸前的工作

每一笔交易的成功，需要建立在如下前提下：首先要明确这笔交易是日内交易、短线交易还是波段或中线交易；其次将采取的操作策略是顺势还是逆势策略；再者，交易过程中资金将如何运用，我将付出什么代价去获取这笔交易的成功。因此，我们建立头寸前，一定要做好如下工作：

(1)了解市场目前的状态：上升趋势、下降趋势还是盘整状态？趋势处于什么状态？

(2)这笔交易是日内短线还是波段？

(3)采取顺势策略还是逆势策略？

(4)打算建立多大仓位？

(5)什么时间、什么价位入市？

(6)目标价位是多少？大概多久能运行到目标价位？

(7)根据什么尽快发现自己的入市错了？

(8)如果止损是全部执行还是分批执行？是在开盘、盘中还是收盘时执行？

(9)退出后是否有反向操作的可能？

切记，这些工作都是在收盘后对市场充分研究后进行的，如此才能最大程度地保证我们的思路细致而周全。

七、期货交易流程

(一)下单

客户在按规定足额缴纳开户保证金后，即可开始交易，进行委托下单。所谓下单，是指客户在每笔交易前向期货公司业务人员下达交易指令，说明拟买卖合约的种类、数量、价格等的行为。通常，客户应先熟悉和掌握有关

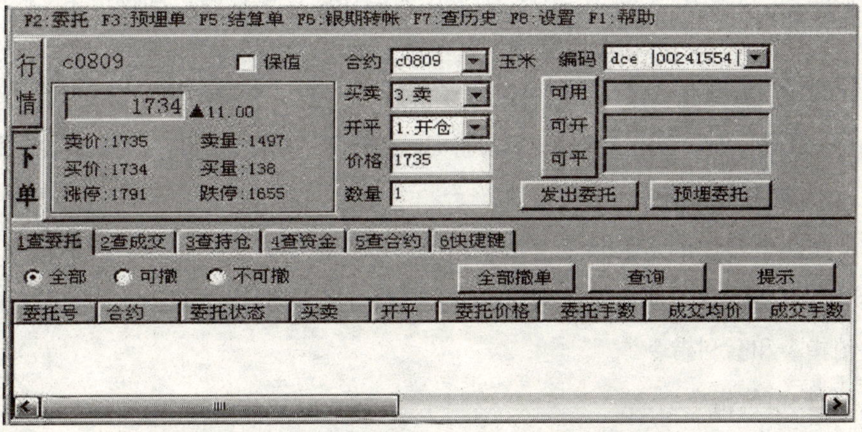

图 3-2　网上交易卖出开仓交易指令示意图

的交易指令，然后选择不同的期货合约进行具体交易。交易指令的内容包括：期货合约的品种(通常是期货合约代码)、交易方向、委托数量、委托价格、委托有效时间、日期、客户签名等。新手交易者应先熟悉和掌握有关交易指令后(图 3-2)，再选择不同的期货合约进行具体交易。

下面就交易代码构成、交易方向、交易指令、下单方式等做进一步说明。

1. 交易代码构成

交易代码是由商品代码＋年、月组成，如大豆 2008 年 9 月到期的合约交易代码为 a0809；郑州商品交易所的交易代码中年前面不加 0，如棉花 2008 年 9 月合约交易代码为 cf809。

2. 交易方向

交易方向主要指委托是做多(买入)还是做空(卖出)、是开仓还是平仓。一般分为如下几类：

(1)开仓或增仓(做多)。某一期货合约，交易者以前并没有持仓(既没有买入也没有卖出)，现委托买入(卖出)，称为多头开仓(空头开仓)；如果交易者已经持有这个合约的多头(空头)仓位，并且没有平仓(卖出已买入的合约或买入已卖出的合约)，现委托追加买入(卖出)该合约，称为多头(空头)增仓。

(2)多头或空头平仓。交易这已经持有某一合约的多头(空头)合约，也就是已经买入(卖出)了这个合约，现委托卖出(买入)该合约，则称多头(空头)平仓。注意数量不能超过所持有仓位。

(3)锁仓。同一客户在持有同一合约的多头(空头)仓位的情况下，又委托卖出(买入)同一期货合约，这时该客户将同时持有同一期货合约的多头和空头仓位。

3. 常用交易指令

国际上常用的交易指令有市价指令、限价指令、止损指令、取消指令和套利指令等。我国期货交易所规定的交易指令主要有：限价指令、市价指令、取消指令和套利指令。

(1)市价指令。

市价指令是期货交易中常用的指令之一，它是指按当时市场价格即刻成交的指令。客户在下达这种指令时不须指明具体的价位，而是要求期货公司出市代表以当时市场上可执行的最好价格达成交易。这种指令的特点是成交速度快，一旦指令下达后不可更改和撤销。

(2)限价指令。

限价指令是指执行时必须按限定价格或更好的价格成交的指令。下达限价指令时，客户必须指明具体的价位。它的特点是可以按客户的预期价格成交，成交速度相对较慢，有时无法成交。

(3)止损指令。

止损指令是指当市场价格达到客户预计的价格水平时即变为市价指令予以执行的一种指令。客户利用止损指令，既可以有效地锁定利润，又可以将可能的损失降低至最低限度，还可以相对较小的风险建立新的头寸。

(4)取消指令。

取消指令是指客户要求将某一指令取消的指令。客户通过执行该指令，将以前下达的指令完全取消，并且没有新的指令取代原指令。

期货公司对其代理客户的所有指令，必须通过交易所集中撮合交易，不得私下对冲，不得向客户作获利保证或者与客户分享收益。

(5)套利指令。

交易所对指定合约提供套利交易指令，以交易所挂牌合约为准. 报单时委托价格为“价差”，委托数量为“对数”，指令内各成分合约按规定比例同时成交，成交后持仓显示“手数”。有效委托时间为“连续交易期间”。(大商所在 2013 年 1 月 17 日，对套利交易合约进行调整，能够进行交易的套利合约列表可在交易所网站进行查询。)

四家交易所基本交易指令介绍:

上海期货交易所的基本交易指令有：限价指令、取消指令。限价指令每次最大下单数量为 500 手。最小下单量为 1 手。

大连商品交易所的基本交易指令有：限价指令、市价指令、市价止损(盈)指令、限价止损(盈)指令、套利交易指令(套利指令分为同品种跨期套利和跨品种套利指令)、互换指令。焦炭合约交易指令每次最大下单数量为500手。玉米合约交易指令每次最大下单数量为2000手。其他品种每次最大下单数量为1000手。

郑州商品交易所的基本交易指令有：限价指令、市价指令、套利指令(套利指令分跨期套利指令和跨品种套利指令)。限价指令每次最大下单数量为1000手，市价指令每次最大下单数量为200手。每次最小下单量为1手。

中国金融期货交易所的基本交易指令有：市价指令、限价指令。交易指令每次最小下单数量为1手，市价指令每次最大下单数量为50手，限价指令每次最大下单数量为100手。

日常交易中指令方面容易出现的问题：

上期所：上期所没有市价指令，这一点经常被忽略。上期所品种平仓时可以自由选择平历史仓或当日仓。实际操作中体现在同一合约持仓下平仓单时，区分为平仓与平今仓，客户必须选择确认。而其他交易所下平仓单时，平仓顺序按开仓时间先开先平，不能自主选择。

大商所：大商所互换指令与套利指令要注意区分。互换指令的两腿合约，一开一平；而套利指令的两腿合约，同开通平。对于有换月移仓等交易需求的客户，互换指令是一种十分便捷的交易指令。

中金所：中金所暂停接受季月合约市价指令申报。2011年6月15日，中金所针对市场数次出现投资者因使用市价指令导致非主力合约价格瞬间大幅波动的情形，提醒客户“在非主力合约上进行交易时，审慎使用市价指令”。自2011年8月8日起，中金所暂停接受后两个季月合约上的市价指令申报。

4. 下单方式

客户在正式交易前，应制订详细周密的交易计划。在此之后，客户即可按计划下单交易。客户可以通过书面、电话或者中国证监会规定的其他方式向期货公司下达交易指令。具体下单方式有如下几种：

(1)书面下单。

客户亲自填写交易单，填好后签字一并交给期货公司交易部，再由期货公司交易部通过电话报单至该公司在期货交易所场内的出市代表，输入指令进入交易所主机撮合成交。

(2)电话下单。

客户通过电话直接将指令下达到期货公司交易部，再由交易部通知出市代表下单。期货公司须将客户的指令予以录音，以备查证。事后，客户应在交易单上补签字。

期货公司在接受客户指令后，应及时通知出市代表。出市代表应及时将客户的指令输入交易席位上的计算机终端，进行竞价交易。

(3)网上下单。

网上交易客户由客户通过互联网，使用期货公司指定的网上期货交易分析软件进行看行情、技术分析、下单、成交回报、实时结算及银期转账。

5. 下单时需注意的事项

在发出订单之前，你一定要明确已经做出了要立即买入、卖出或平仓的决定，并且你要对此深信不疑。在执行订单前犹豫不决，这是很多交易者的通病，经验不足的新手更是如此。在这个时刻，是不容有丝毫犹豫的，犹豫不决可能使你损失一大笔钱。另外设置好订单之后先不要急于按确认键，一定要检查、再检查，确保品种选择、开仓方向、开仓价位以及开仓数量都准确无误后方可按确认键。这个检查不是多余的，要知道行情最激烈的时候，甚至最有经验的交易员也会犯这种低级错误，把空头开成多头，或者平仓弄成开仓。

(二)竞价

国内期货合约价格的形成方式是：计算机撮合成交。

计算机撮合成交是根据公开喊价的原理设计而成的一种计算机自动化交易方式，是指期货交易所的计算机交易系统对交易双方的交易指令进行配对的过程。这种交易方式具有准确、连续等特点。

国内期货交易所计算机交易系统的运行，一般是将买卖申报单以价格优先、时间优先的原则进行排序。当买入价大于、等于卖出价则自动撮合成交，撮合成交价等于买入价(bp)、卖出价(sp)和前一成交价(cp)三者中居中的一个价格。

开盘价和收盘价均由集合竞价产生。

开盘价集合竞价在某品种某月份合约每一交易日开市前 5 分钟内进行，其中前 4 分钟为期货合约买、卖价格指令申报时间，后 1 分钟为集合竞价撮合时间，开市时产生开盘价。

收盘价集合竞价在某品种某月份合约每一交易日收市前 5 分钟内进行，其中前 4 分钟为期货合约买、卖价格指令申报时间，后 1 分钟为集合竞价撮合时间，收市时产生收盘价。

交易系统自动控制集合竞价申报的开始和结束并在计算机终端上显示。

集合竞价采用最大成交量原则，即以此价格成交能够得到最大成交量。高于集合竞价产生的价格的买入申报全部成交；低于集合竞价产生的价格的卖出申报全部成交；等于集合竞价产生的价格的买入或卖出申报，根据买入申报量和卖出申报量的多少，按少的一方的申报量成交。交易过程中除非是被套在涨跌停板上，否则不建议参加集合竞价。

(三)成交回报与确认

当期货公司的出市代表收到交易指令并确认无误后，以最快的速度将指令输入计算机内进行撮合成交。当计算机显示指令成交后，出市代表必须马上将成交的结果反馈回期货经纪公司的交易部。期货公司交易部将出市代表反馈回来的成交结果记录在交易单上并打上时间戳记后，将记录单报告给客户。成交回报记录单应包括以下几个项目：成交价格、成交手数、成交回报时间等。

客户对交易结算单记载事项有异议的，应当在下一交易日开市前向期货公司提出书面异议；客户对交易结果单记载事项无异议的，应当在交易结算单上签字确认或者按照期货经纪合同约定的方式确认。客户既未对交易结算单记载事项确认，也未提出异议的，视为对交易结算单的确认。对于客户有异议的，期货公司应当根据原始指令记录和交易记录予以核实。

(四)结算

结算是指根据交易结果和交易所有关规定对会员交易保证金、盈亏、手续费、交割货款和其他有关款项进行的计算、划拨。结算包括交易所对会员的结算和期货公司会员对其客户的结算，其计算结果将被计入客户的保证金账户。期货交易所的结算实行保证金制度、每日无负债制度和风险准备金制度等。与期货市场的层次结构相适应，期货交易的结算也是分级、分层的。期货公司在每一交易日交易结束后对每一客户的盈亏、交易手续费、交易保证金等款项进行结算。期货公司在闭市后向客户发出交易结算单。当每日结算后客户保证金低于期货交易所规定的交易保证金水平时，期货经纪公司按照期货合同约定的方式通知客户追加保证金，客户不能按时追加保证金的，期货公司应当将该客户部分或全部持仓强行平仓，直至保证金余额能够维持其剩余头寸。未平仓期货合约均以当日结算价作为计算当日盈亏的依据。

1. 当日盈亏计算

(1)平仓盈亏＝平历史仓盈亏＋平当日仓盈亏。

平历史仓盈亏＝Σ[(卖出平仓价－上一交易日结算价)×卖出平仓量]+Σ[(上一交易日结算价－买入平仓价)×买入平仓量]

平当日仓盈亏＝Σ[(当日卖出平仓价－当日买入开仓价)×卖出平仓量]＋Σ[(当日卖出开仓价－当日买入平仓价)×买入平仓量]

(2)持仓盈亏＝历史持仓盈亏＋当日开仓持仓盈亏。

历史持仓盈亏＝(当日结算价－上一日结算价)×持仓量

当日开仓持仓盈亏＝Σ[(卖出开仓价－当日结算价)×卖出开仓量]＋Σ[(当日结算价－买入开仓价)×买入开仓量]

(3)当日盈亏可以综合成为总公式。

当日盈亏＝Σ[(卖出成交价－当日结算价)×卖出量]＋Σ[(当日结算价－买入成交价)×买入量)]＋(上一交易日结算价－当日结算价)×(上一交易日卖出持仓量－上一交易日买入持仓量)

2. 保证金余额的计算

结算准备金余额指当日结算准备金＝上一交易日结算准备金＋入金－出金＋上一交易日交易保证金－当日交易保证金＋当日盈亏－手续费等。

3. 应用

某新客户存入保证金10万元，在4月1日买开仓大豆期货合约40手(每手10吨)，成交价为2000元/吨,同一天该客户卖出平仓20手，成交价为2030元/吨,当日结算价为2040元/吨,交易保证金比例为5%,则客户的当日盈亏(不含手续费、税金等费用)情况为：

(1)按分项公式计算。

平仓盈亏＝(2030－2000)×20×10＝6000元

持仓盈亏＝(2040－2000)×(40－20)×10＝8000元

当日盈亏＝6000＋8000＝14000元

(2)按总公式计算。

当日盈亏＝(2030－2040)×20×10＋(2040－2000)×40×10＝14000元

当日结算准备金金额＝100000－2040×20×10×5％＋14000＝93600元

(五)交割

实物交割是指期货合约到期时，交易双方通过该期货合约所载商品所有权的转移，了结到期未平仓合约的过程。商品期货交易一般采用实物交割制度。虽然最终进行实物交割的期货合约的比例非常小，但正是这极少量的实物交割将期货市场与现货市场联系起来，为期货市场功能的发挥提供了重要的前提条件。当由于过分投机，发生期货价格严重偏离现货价格时，交易者就会在期货、现货两个市场间进行套利交易。当期货价格过高而现货价格过低时，交易者在期货市场上卖出期货合约，在现货市场上买进商品。这样，现货需求增多，现货价格上升，期货合约供给增多，期货价格下降，期现价差缩小；当期货价格过低而现货价格过高时，交易者在期货市场上买进期货合约，在现货市场卖出商品。这样，期货需求增多，期货价格上升，现货供给增多，现货价格下降，使期现价差趋于正常。

实物交割的程序是：卖方在交易所规定的期限内将货物运到交易所指定的交割仓库，经验收合格后由仓库开具仓单，再经交易所注册后称为标准仓单。进入交割期后，卖方提交标准仓单，买方提交足额货款，到交易所办理交割手续。由于期货交易是以买卖合约来赚取差价，而且商品期货中个人投资者不允许实物交割，所以大家只做一般了解即可。

八、新手常犯的错误

期货交易的学习可以说就是一个试错的过程，新手常犯的错误主要有：

(1)缺少学习的耐心。没有扎实的基本功，盲目的行动必然造成亏损累累。

(2)不愿意积极思考和自主决策，总是期望着用现成的规则或他人的建议来指导交易。错了是他人的错，对了则是自己英明。

(3)认为每时每刻都要做交易。虽然数字每天都在闪动，但是机会远不是你想的那么多。没有人能够一直拥有充足合理的理由而每天都进行交易；也没有人拥有足够的知识，能够每次都高明地操作。

(4)账户资金不足。学习任何本领都需要支付学费，可是偏偏最难的交易行当却很少有人在开始交易的时候为自己准备学费。他们带着很少的资金开户交易，缺乏知识和技巧却满脑子想象着这些钱如何利滚利，发大财。结果资金很快赔光，失去了继续交易的资本。

(5)低估了市场交易的难度，高估了市场利润。总以为可以轻而易举地挣到成堆的钞票，认为利用茶余饭后的时间做些研究，就可以保证短时间挣到很多钱。

(6)进场之前，没有明确的交易计划或出场策略。对于新手来说，因为缺乏学习的认识，不懂得如何制订交易计划并根据计划交易，他们的交易往往都是听信别人推荐或自己盲目的感觉进行的。

(7)无法克服内心的冲突。不管是由于情绪失控，还是缺乏交易自律素养，就是不能接受小的损失。先是寄希望市场重新返回到他的入市点以致赔误战机，后是无来由的恐慌。那时，要么把交易翻番加码，要么丧失自信，放弃交易。

(8)试图猜测行情头部或底部。因为贪婪和自以为是，总想买在最低点，卖在最高处，而且判断错误也不及时止损，如此逆势的后果让他们损失极其惨重。

(9)不了解风险，陶醉在自己偶尔的几次成功里，认为交易实在太容易了。

(10)对某些品种产生情绪性的爱恋或憎恶。一连串的盈利或亏损让他们或者信心膨胀，或者胆战心惊，从而让主观判断代替了客观观察。

(11)盲目相信某种权威，并依据它制成战略。因为无知和恐惧失去主见后，寄希望于所谓的高手，让自己的操作完全按照他们的指示来进行。

九、新手如何在期市中生存下来

(1)面对现实。无论你先前从事什么行业，无论你之前取得了多大成功，当你来到期货市场，你就要承认自己是个缺乏相关知识、交易经验以及交易素质的新兵，虽然你看起来觉得知道如何交易，但那只是你的想当然，并不是出于智慧。只有承认这点，你才能踏下心来，去虚心地倾听、审视和学习一切。因为期货就好比游泳一样，淹死的都是“自己觉得”会游泳的人。而那些知道自己不会游泳或真正知道怎样游泳的人通常不会被淹死。

(2)了解真相。在中国期市的发展过程中，所参与交易的人们最终的结果大致是怎样的？在他们的经历中，失败的根源何在？成功的因素又有哪些？尤其是什么样的信念和行为能够让成功者久经沙场中伤痕累累却仍能傲立于期海之中？

(3)自我分析。不论在什么行业，不会自我分析的人，是很难成功的，即使成功多半也只是昙花一现。所以，为了找到成功和失败的原因，为了应对未来可能会发生的种种变化，新手一定要在开始交易前就对自己进行自我分析。

如，我对交易到底有多大兴趣？期货的哪方面引起了我特别的注意？交易是一种休闲嗜好，还是我必须爬到顶端？对这个领域我知道了多少？什么样的资源或信息可以帮助我？我凭什么可以认为自己能在期货交易中赚到钱？想花多少时间投入在里面？有足够的时间和精力保证吗？能忍受长久的亏损吗？

(4)打好基础。期货交易决策绝不仅仅是做出后市发展方向的判断，还要确切知道价格会改变多少。所以每进行一笔期货交易前，你都需要做出市场性质分析：你所要操作的品种目前处于怎样的状态？有无趋势？是否符合自己的操作原则？什么样的情况入市？什么样的情况退市？这笔交易是日内、短线还是中线？那么要尽可能客观准确地分析这一切，就需要你拥有扎实的分析理论基础——基本分析、技术分析和心理分析。因此在没了解和掌握这些分析理论前，尤其是技术分析理论，请别贸然去做交易。因为你贸然去做的结果，无论好坏对你都没有好处。做对了你会觉得期货交易获利很简单，导致自己过于自信以致孤注一掷；做错了你又会说是运气不好，而不知错在哪里。

(5)测试和模拟。经过学习拥有了理论上的分析体系和交易方法后，请一定不要着急去实盘交易实践它。因为这个方法是别人的，所以它的可行性还是未知数，因此请用历史数据测试一下它的成功率和失败率(因为大多新手朋友都没有可供测试的软件，大家可以用内外盘所有品种的历史数据，一个一个用手工去做)，然后再用数月的时间去观察在当前的市场环境下，它的成功率和失败率又是怎样？这样，在不损失一分钱的情况下，你可以对你的方法进行观察和完善，这不仅极大地增加了你日后成功的概率，也增强了你获胜的信心。

(6)先求生存，后求卓越。刚开始进行实战交易时，无论你有多大资金，无论你对自己的方法有多大把握，请一定用最少的资金从小交易品种如农产品做起，而且每次只做开仓和平仓，不做加仓，这点对能否生存非常重要。因为加仓是更难的交易技巧，只有掌握和熟练开仓、平仓技能、能够活在市场中后，才能考虑学习加仓，这个道理就好比先学会走，才能去学如何跑。在如此多练少赔的小资金交易中，既检验了你交易方法的可行性，也锻炼了你的交易能力，从而积累了交易经验。那么，经过一定时间的磨炼后，你基本可以在开仓、平仓中获得利润了，这时你要做的就是要抓住大机会。和股票一样，期货中的大机会也不是短短几天就结束的，它会提供给你多次的入场机会。由于期货的保证金制度，于是合理位置的加仓就显得尤为重要。当你第一次通过持有一个盈利的仓位并且不断加仓获得了利润，战胜了市场也战胜了自己的时候，你也就成为了一位优秀的交易员。

(7)保持理性和清醒。虽说在交易中很多道理明明知道，却做不到。但是，就像直线是两点之间的最短距离一样，理性是你现在的位置和想要到达的目标之间最短的距离。任何极端情形，即使是有利于交易者的，也是最危险的时候，所以无论何时，无论怎样，我们都要尽可能保持理性。不要以为自己是绝顶聪明的高手，没有任何人可以抓住所有的机会。也不要把别人都看做是傻子，不要使自己变得轻信。历史虽然的确能以某种模糊的方式再现，但是这种再现常常是缓慢而沉闷的，其中含有不计其数的意外变化。如果回顾一下过去所铸成的一些最重大的错误，就会发现，这些错误往往就是我们未能关注细节问题所造成的。而你容易得到的信息别人也常常容易获得。

(8)正确对待失败和损失。没有谁的一生永远是一帆风顺的，在学习期货交易的道路上更是如此。如果你一开始没有成功，请尝试，再尝试。金钱方面也是一样。在你学习期货交易的过程中，你的钱可能会不断减少，甚至会少到你账户上一分不剩。这个时候，请不要害怕和沮丧，也不要失去自信和冷静的判断力，这是我们踏上赚钱之路所必须付出的学习成本、所必经的一个阶段。只要在这些挫折中，我们能够学到东西，在失败中能够积累经验，那么这些挫折就是值得的，因为它必将会防止我们将来犯下不可挽回的错误。要知道太多太多的人都是输在了没能咬牙继续坚持下去，有句话说得好：如果想在期货交易中成功，那么请在忍无可忍的时候再忍一下！

(9)懂得调节自己。我们不是圣人，难免有一些不开心的事情困扰我们，尤其是交易学习和实践过程中，很多新手更是苦不堪言。有烦恼不要紧，要紧的是你必须有开解的途径。对于生活上只能面对而不需要解决的事情，你可以用转移注意力的方法排解它，但是对于交易中的因为亏损、因为不知问题是什么、因为不知出路在哪里等问题，则是不能采取回避态度，你必须面对它，并找出原因和解决办法，不要让它滋生出更多问题，这是你能否继续生存、能否在众人中脱颖而出的关键所在。关于这点，一些交易前辈或一些优秀交易员的书籍将是你最好的导师。你应该可以从他们的倾诉和分析中找到自己的影子。

十、期货术语介绍

【金融衍生品】交易者在这些投资工具上的盈利或者亏损决定于(或者说衍生于)其他商品或者证券的价格变动，交易者本身并不买那些商品或者证券。金融衍生品中最主要的产品是远期合约、期货和期权。

【远期合约】是根据买卖双方的特殊需求，由买卖双方自行签订，在将来某个确定的价格买卖特定商品的合约。

【场内交易】又称交易所交易，指所有的供求方集中在交易所进行竞价交易的交易方式。这种交易方式具有交易所向交易参与者收取保证金、同时负责进行清算和承担履约担保责任的特点。

【场外交易】又称柜台交易，指交易双方直接成为交易对手的交易方式。这种交易方式有许多形式，如电话、计算机。

【上市品种】指期货合约交易的标的物，如合约所代表的玉米、铜、石油等。并不是所有的商品都适合做期货交易，在众多的实物商品中，一般而言，只有具备下列属性的商品才能作为期货合约的上市品种：一是价格波动大，二是供需量大，三是易于分级和标准化，四是易于储存、运输。

【商品期货】商品期货是指标的物为实物商品的期货合约。商品期货历史悠久，种类繁多，主要包括农副产品、金属产品、能源产品等几大类。

【商品期货交易】商品期货交易是代表特定商品的“标准化合约”(即

“期货合约”)的买卖。

【经调整的期货价格】 相当于现货价格的期货价格。计算方法：用期货价格乘以用于交割的某一特定金融证券(如国库券)的转换系数(因子)。

【委托单】 出市代表经由计算机终端输入的商品买卖订单。

【成交单】 经计算机配对后产生的买卖合约单。

【昨收市】 指前一交易日的最后一笔成交价格。

【开盘价】 当天某商品的第一笔成交价。

【收盘价】 当天某商品最后一笔成交价。

【最高价】 当天某商品最高成交价。

【最低价】 当天某商品最低成交价。

【最新价】 当天某商品当前最新成交价。

【成交价】 指某一期货合约的最新一笔交易定价。

【结算价】 当天某商品所有成交合约的加权平均价。

【阻力点】 价格难于超越的某一价格水平。

【支持点】 由于对合约之吸购，使得价格难以跌过某一特定价格水平。

【开仓量】 每一笔成交量中新开仓的数量。

【平仓量】 每一笔成交量中平仓的数量。

【加权量】 交易所计算结算价时所涉及的参数。

【买价】 某商品当前最高申报买入价。

【卖价】 某商品当前最低申报卖出价。

【价差】 两个相关联市场或商品间的价格差异。

【波动】 用于衡量在一定期间内的价格变动的计算方法。通常以百分点表示，而以每日价格变动百分点的年标准差来计算。

【涨跌幅】 某商品当日收盘价与昨日结算价之间的价差。

【停板额】 由交易所逐日为每种合约规定的最大价格波动幅度(范围)。

【涨停板额】 某商品当日可输入的最高限价(等于昨结算价 + 最大变动幅度)。

【跌停板额】 某商品当日可输入的最低限价(等于昨结算价 - 最大变动幅度)。

【空盘量】尚未经相反的期货或期权合约相对冲，也未进行实货交割或履行期权合约的某种商品期货或期权合约总数量。

【交易量】在某一时间内买进或卖出的商品期货合约数量。交易量通常指每一交易日成交的合约数量。

【开仓】在期货交易中通常有两种操作方式，一种是看涨行情做多头(买方)，另一种是看跌行情做空头(卖方)。无论是做多或做空，下单买卖就称之为“开仓”。

【平仓】买入后卖出，或卖出后买入结算原先所做的新单。

【单号】系统为委托单或成交单分配的唯一标识。

【质押】指会员提出申请并经交易所批准，将持有的权利凭证移交交易所占有，作为其履行交易保证金债务的担保行为。权利凭证质押仅限于交易保证金，亏损、费用、税金等款项均须以货币资金结清。

【限仓制度】是期货交易所为了防止市场风险过度集中于少数交易者和防范操纵市场行为，对会员和客户的持仓数量进行限制的制度。

【大户报告制度】是与限仓制度紧密相关的另外一个控制交易风险、防止大户操纵市场行为的制度。

【逐日盯市制度】是指结算部门在每日闭市后计算、检查保证金账户余额，通过适时发出追加保证金通知，使保证金余额维持在一定水平之上，防止负债现象发生的结算制度。

【套期保值交易】套期保值指在期货市场上买入(或卖出)与现货市场交易方向相反、数量相等的同种商品的期货合约，进而无论现货供应市场价格怎样波动，最终都能取得在一个市场上亏损的同时在另一个市场盈利的结果，并且亏损额与盈利额大致相等，从而达到规避风险的目的。

【结算】指根据交易结果和交易所有关规定对会员交易保证金、盈亏、手续费、交割货款及其他有关款项进行计算、划拨的业务活动。

【结算会员】交易所票据交换所会员。此种会员资格通常为公司或企业所拥有。结算会员对通过其所属公司结算交易的客户财务承担能力负有责任。

【保证金】有时又称按金。在保证金交易里，买卖双方只须付一小笔保证金给经纪商即可。缴纳保证金的目的有两个：

(1)保护经纪商的利益，当客户因故无法付款时经纪商即以保证金补偿。

(2)控制交易所的投机活动。在正常情况下，保证金为已成交的合约总值的10%左右。从保证金实质来看，是交易人士经过经纪商付给商品结算所的一笔资金，并不计算任何利息，以保证交易人士有能力支付佣金以及可能出现的亏损。但交易保证金绝不是买卖期货的定金。

【初始保证金】期货市场交易者在下单买卖期货合约时，必须按规定存入其保证金账户的最低履约保证金。

【结算保证金】确保结算会员(通常为公司或企业)将其顾客的期货和期权合约空盘履约的金融保证。结算保证金有别于客户履约保证金，客户履约保证金存放于经纪人处，而结算保证金则存放于票据交换所。

【履约保证金】为确保履行合约而由期货合约买卖双方或期权卖方存放于交易账户内的押金。商品期货保证金不是一种股票的支付，也不是为交易该商品而预付的定金，而是一种良好信誉押金。

【维持保证金】客户必须保持其保证金账户内的最低保证金金额。

【收盘价范围】市场收盘时买卖交易的价格区域。

【交割结算价】为该期货合约最后交易日的结算价。交割商品计价以交割结算价为基础，再加上不同等级商品质量升贴水以及异地交割仓库与基准交割仓库的升贴水。

【看涨者】预期价格将会上涨的人。

【看跌者】认为价格将会下跌的人。

【利多消息】导致市场行情上升的新闻。

【利空消息】导致市场行情跌落的新闻。

【熊市】处于价格下跌期间的市场。

【牛市】处于价格上涨期间的市场。

【水平套期图利】在买进看涨或看跌期权同时，按相同的履约价格，但在不同的到期月份卖出同一商品种类的期权，亦称跨月份套期图利。

【买空】相信价格会涨并买入期货合约称“买空”或称“多头”，亦即多头交易。

【卖空】看跌价格并卖出期货合约称“卖空”或“空头”，亦即空头交易。

【交割】期货合约卖方与期货合约买方之间进行的现货商品转移。各交易所对现货商品交割都规定有具体步骤，某些期货合约，如股票指数合约的交割采取现金结算方式。

【实物交割】是指期货合约的买卖双方于合约到期时，根据交易所制定的规则和程序，通过期货合约标的物的所有权转移，将到期未平仓合约进行了结的行为。商品期货交易一般采用实物交割的方式。

【现金交割】是指到期未平仓期货合约进行交割时，用结算价格来计算未平仓合约的盈亏，以现金支付的方式最终了结期货合约的交割方式。

【近期(交割)月份】离交割期最近的期货合约月份，亦称现货月份。

【远期(交割)月份】交割期限较长的合约月份，相对于近期(交割)月份。

【升水】

(1)交易所条例所允许的，对高于期货合约交割标准的商品所支付的额外费用。

(2)指某一商品不同交割月份间的价格关系。当某月价格高于另一月份价格时，我们称较高价格月份对较低价格月份升水。

(3)当某一证券交易价格高于该证券面值时，亦称为升水或溢价。

【持仓】在实物交割到期之前，投资者可以根据市场行情和个人意愿，自主地决定买入或卖出期货合约。而投资者(做多或做空)没有做交割月份和数量相等的逆向操作(卖出或买入)，持有期货合约，则称之为“持仓”。

【分仓】交易所会员或客户为了超量持仓，以影响价格，操纵市场，借用其他会员席位或其他客户名义在交易所从事期货交易，规避交易所持仓限量规定，其在各个席位上总的持仓量超过了交易所对该客户或会员的持仓限量。

【移仓(倒仓)】交易所会员为了制造市场假象，或者为转移盈利，把一个席位上的持仓转移到另外一个席位上的行为。

【对敲】交易所会员或客户为了制造市场假象，企图或实际严重影响期货价格或者市场持仓量，蓄意串通，按照事先约定的方式或价格进行交易或互为买卖的行为。

【逼仓】期货交易所会员或客户利用资金优势，通过控制期货交易头寸或垄断可供交割的现货商品，故意抬高或压低期货市场价格，超量持仓、交割，迫使对方违约或以不利的价格平仓以牟取暴利的行为。根据操作手法不同，又可分为“多逼空”和“空逼多”两种方式。

【多逼空】在一些小品种的期货交易中，当操纵市场者预期可供交割的现货商品不足时，即凭借资金优势在期货市场建立足够的多头持仓以拉高期货价格，同时大量收购和囤积可用于交割的实物，于是现货市场的价格同时升高。这样当合约临近交割时，迫使空头会员和客户要么以高价买回期货合约认赔，平仓出局；要么以高价买入现货进行实物交割，甚至因无法交出实物而受到违约罚款，这样多头即可从中牟取暴利。

【空逼多】操纵市场者利用资金或实物优势，在期货市场上大量卖出某种期货合约，使其拥有的空头持仓大大超过多方能够承接实物的能力，从而使期货市场的价格急剧下跌，迫使投机多头以低价位卖出持有的合约，认赔出局，或出于资金实力接货而受到违约罚款，从而牟取暴利。

【指定部位】使期权合约卖方进入某一特定期货部位以履行其义务的指令。如看涨期权卖方在买方要求履约时，将承担空头期货部位，看跌期权卖方在买方要求履约时，将承担多头期货部位。

【交易部位(头寸)】一种市场约定。期货合约买方处于多头(买空)部位，期货合约卖方处于空头(卖空)部位。

【基差】是某一特定地点某种商品的现货价格与同种商品的某一特定期货合约价格间的价差。

第四章　交易依据之基本分析

在新手尤其是股票新手当中，很多人是依据基本分析入市操作的。在他们眼里这个分析是最容易进行的——看看新闻，浏览一下某公司的投资报告，注意一下产量和销量甚至天气预报就可以操作了，这是对基本分析的错误理解和错误应用。基本分析极具专业性，是通过分析期货商品的供求状况及其影响因素，来解释和预测期货价格变化趋势的方法，是对价格走势进行的定性分析。主要包括宏观经济分析、品种供给需求分析、季节性和自然因素以及商品自身价值分析。

一、宏观经济分析

(一)宏观经济指标

宏观经济分析是期货分析的起点，其运行状况、所处的阶段将决定期货价格的主要趋势。

宏观经济指标很多，主要包含在经济总体指标、货币类指标、财政类指标中，本书简要介绍 5 个指标。

(1)国内生产总值(GDP)：是指一个国家(或地区)所有常住单位在一定时期内生产活动的最终成果，它是让包括通货膨胀、失业率、房价在内的其他一切数据相形见绌的最大的经济统计数据，没有任何一个统计数据能像国内生产总值那样立即显示一个国家的经济究竟是蓬勃发展还是停滞不前。例如，如果GDP实际年增长率数值是正数，而且数字还比较大，那么对于社会经济、企业利润、股票价值而言都是非常乐观的利好消息。一般来说，以一年为期限来考察经济的整体变化趋势更容易找出经济发展过程中的每个转折点，确定当前是否即将进入经济衰退期，或者正在进入经济活跃期。

(2)工业增加值：它直接反应工业部门的景气状况，工业生产数据稳步攀升表明经济处于上升期，对于生产资料的需求也会相应增加，反之则下降。该指标是原油、基本金属等工业原材料需求状况判断的重要依据。

(3)利率：某种意义上来说，中央银行引导经济远离膨胀和萧条，确保基本经济体系健康状况良好。中央银行影响经济的主要工具就是利率。低利率通常意味着更快的经济增长，由此将引发潜在的高通货膨胀，高利率正好相反。全球四大中央银行有美国联邦储备委员会、欧洲中央银行、日本中央银行、英国中央银行。

(4)ISM采购经理人指数：该指数是一个综合指数，计算方法全球统一，由5个扩散指数加权而成，各指数的权重分别是新订单30%、生产25%、就业20%、供应商配送15%、存货10%。该指数对于评估经济周期的转折较为重要，通常以50%作为经济强弱的分界点。当超过50%时，制造业和整个经济都在扩张，低于50%但在43%以上时，生产活动收缩，但经济总体还在增长，持续低于43%时生产和经济可能都在衰退。

(5)通货膨胀指数：交易者尤其是中长线交易者必须关注通货膨胀，同时也应估计各国中央银行对通货膨胀的反应。用来衡量通货膨胀最通用的指标是消费者价格指数(CPI)，它通常在年度基础上表示。通货膨胀率的变化对金融市场有决定性的影响。在通货膨胀下降时，对股票及债券价格走势是有利的，当通货膨胀走高时，贵金属等有形资产的表现将较股票及债券为佳。从历史数据来看，当CPI出现顶点的时候，可能恰恰是这一轮通货膨胀接近尾声的标志。

(二)宏观分析运用注意事项

(1)确定信息来源。随着网络的日益普及，当前不论是在宏观经济还是在微观经济活动中，都产生大量的经济信息，人们通过其接收、传递和处理，反映和沟通各方面经济情况的变化，借以调整和管理交易头寸，实现成功投资的目的。经济信息按内容分为计划信息、控制信息、生产和经营信息、统计信息等，按信息属地分为中国数据和美国等国外数据。对于资本市场来说，这些信息的掌握和政策预见非常重要，但由于网络的泛滥，很多信息都是未经证实的小道消息，尤其是市场出现重要反转走势时，小道消息更是满天飞，投资者稍有不慎就会落入消息陷阱，最终造成投资失误。那么，该如何获得准确及时的经济信息？准确判断政策取向，官方权威网站是唯一选择。如，人民网、新华网等。

(2)解读信息内容。在所有的经济信息中，商品及股指期货投资者必须关注的信息数据有：中国月(季)度宏观经济数据、中国宏观经济政策、美国宏观经济政策、美国宏观经济数据、美国商品市场数据(表 4-1 至表 4-3)。

表 4-1　中国宏观经济数据内容及公布时间

序号	发布内容	发布时间
1	工业增加值	月后 15 日
2	各地区工业增加值	月后 15 日
3	各地区工业产品销售率	月后 15 日
4	主要工业产品产量	月后 15 日
5	全社会客货运输量	月后 17 日
6	城镇固定资产投资情况	月后 25 日
7	社会消费品零售总额	月后 25 日
8	居民消费价格分类指数	月后 25 日
9	商品零售价格分类指数	月后 25 日
10	消费者信心指数	月后 30 日
11	宏观经济景气指数	月后 30 日
12	国内生产总值	季后 20 日
13	农林牧渔业总产值	季后 25 日
14	全国主要农产品生产价格指数	季后 25 日
15	企业景气指数	季后 17 日

注：1～11 项为月度统计数据，12～15 项为季度统计数据。

表 4-2　美国宏观经济数据内容及发布时间

经济数据名称	公布时间	公布大致日期	公布部门
国内生产总值(GDP)	21 点 30 分	一季度的月底	商务部
失业率	21 点 30 分	每月第 1 个周五	劳工部
零售销售	21 点 30 分	月中，13、14、15 日等	商务部
消费者信心指数(CCI)	23 点 00 分	月底	咨询商会
商业和批发、零售库存	21 点 30 分 /23 点	月中	商务部
采购和非采购经理人指数	23 点 00 分	月初，1、2、3 日等	NAPM
工业生产	21 点 15 分 /22 点 15 分	每月 15 日	美联储
工业订单和耐用品订单	23 点 /21 点 30 分	月底或月初	商务部
领先指标	23 点 00 分	月中或靠近月底	咨询商会
贸易数据	21 点 30 分	月中或靠近月底	商务部
消费者物价指数(CPI)	21 点 30 分	每月 20～25 日	劳工部
生产者物价指数(PPI)	21 点 30 分	每月第 2 个周五	劳工部
预算报告	21 点 30 分	月底	财政部
新屋出售和开工率、营建	21 点 30 分 /23 点	每月 16～19 日	商务部
个人收入和支出	21 点 30 分	每月月初	商务部

表 4-3　美国商品市场数据内容及发布时间

数据名称	公布大致日期	公布部门
原油、油品库存及炼厂数据	周三(遇假日顺延 1 天)	能源资料协会
短期能源展望	每月 6～12 日	能源资料协会
能源市场报告	月初	国际能源署
农产品月度供需报告	每月中旬	农业部
季度谷物库存	每季度末	农业部
农作物种植意向报告	每年 3 月末	农业部
农作物周度作物生长报告	4～11 月的每周一	农业部
农产品周度出口销售报告	每周四	农业部
农产品周度出口检验报告	每周一	农业部
全球铝供求及库存报告	月底	国际铝业协会
全球锌、铅供求及库存报告	每月中下旬	国际锌铅研究小组
全球铜供求及库存报告	每月 20～23 日	国际铜研究组织
全球基础金属报告	每月 20～23 日	全球金属统计局
美国商品期货持仓报告	每周五	商品期货交易管理委员会

在能源报告中，一般从短期来看，市场更侧重于能源资料协会的库存数据和需求的调整，而中长期的话则较为关注国际能源署的数据；农产品报告

中，8、9、10、11 月份的农产品月度供需报告较为重要；同时，每年 3 月份和 6 月份的季度库存及种植意向报告也较为重要；工业品报告中铜锌的供求库存报告较为重要。

(3)判断政策取向，确定交易策略。在判断经济走向及经济政策时，主要参考指标有国内生产总值(GDP)、消费者物价指数(CPI)、消费者信心指数(CCI)、内需的扩大或缩小、外贸逆差或顺差、信贷总规模的变化、房地产调控政策等，这些指标的数值将很大程度上决定宏观政策，如央行票据的发行、存款准备金的改变、利率变化、通胀预期的管理和实行，同时也要密切关注国家高层及重要部门的言论。

(4)根据预期及现实把握获利机会。在经济政策即将发生调整或商品市场数据即将公布时，市场各方人士总会发表各种各样的预期，所以，当市场公布利好消息时，提前预期利好的人们已经事先买入，不知道的人们会在公布时买入，而部分人们会利用利好兑现逢高获利了结。这其中孰对孰错很难界定。除了庞大的政府机构，个人根本不可能收集到所有数据并进行分析，进而得出有意义的结论。但是，政府机构效率又太低，等到它们发布数据或分析的时候，通常为时已晚。然后，一些政府机构会公布一些整理过的数据，引起金融市场出现理想的反应，摸着石头过河的人，经常被填鸭式的错误信息带入误区。事实也确实如此，由于价格变化是由许多不同事件、经济趋势与投资者心理背景共同决定的，所以说推动价格变化的因素不是宣布的信息，而是人们对这项消息的预期，因为一方面所有人不会在同一时间获得某项信息，即消息的传播需要相当的时间；另一方面人们得知某项信息时，每个人的解释不会完全相同，所以在这种情况下，广大投资者正确的做法就是了解市场预期，衡量市场参与者对事件的反应。如果市场预期信息利空，市场果然随着消息公布出现下跌，那么，可选择时机逢高参与做空，反之，可选择做多。例如，2010 年 2 月 12 日中国人民银行决定第二次上调金融机构人民币存款准备金率，这个信息发布之前市场预期是很少的，信息公布以后，国外市场(国内已经开始春节休假)几乎没有反应，继续上涨势头，和第一次中国人民银行公布上调存款准备金率市场大跌完全不同，那么投资者这时应该考虑做多，而不是做空。如图 4-1 所示。

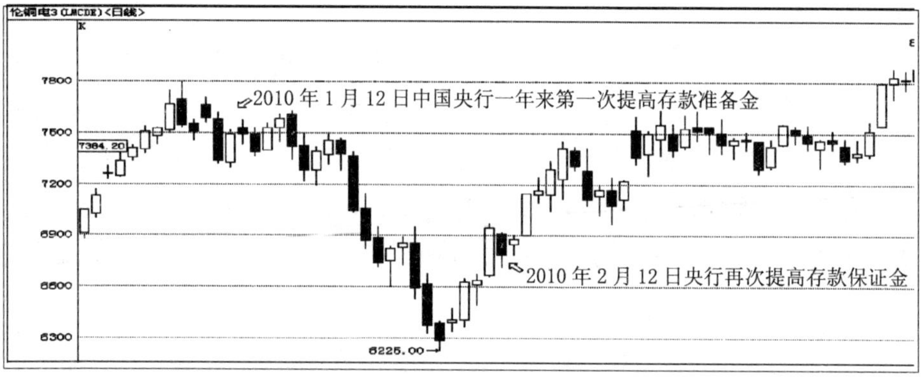

图 4-1

(5)根据事件反应，确定市场趋势。在资本市场中，除了经济信息对走势产生影响外，还有一些无法预期的事件发生，比如自然灾害等随机发生的事件，因为它们不会预先反映在价格中，因此它们发生后的市场反应，如利空消息市场上涨或利多消息市场下跌，可以透露重大信息，告诉我们市场的基本价格趋势是向上还是向下。

曾有人统计发现，中国商界富豪发家之谜有两条，其一是善于利用政策，其二是能预见政策。资本市场也是一样，凡是在资本市场领域赚取超额利润的，无一不是利用自己所掌握的宏观经济基本原理，如现代西方经济学最有影响的经济学家之一约翰•梅纳德•凯恩斯、著名的货币投机家索罗斯、对冲基金经理等，而随着我国的日益强大，信息及政策所带来的机遇也将越来越多。

二、品种供给需求分析

期货交易是以现货交易为基础的，期货价格与现货价格之间有着十分紧密的联系，因此，商品供求状况及影响其供求的众多因素对现货市场商品价格产生重要影响的同时，也必然会对期货价格产生重要影响，可以说“供”和“需”这两股力量的互动方式决定了商品的价格是走高还是走低。

(1)对商品供求关系具有直接影响作用的因素有：播种面积的增减、国家收储政策、生产企业罢工等。目前来看，美国大豆种植面积的预测报告对芝加哥大豆期货价格影响较大，国内市场参与者对国内大豆种植面积预测报告关注较少，实际上这是一个重要的参考数据，将来会对市场产生影响。

(2)对商品供求关系具有间接影响作用的因素有：市场资金因素、利率外汇政策等。

(3)对商品供求关系具有持续影响作用的因素有：产业政策如大豆市场的转基因政策等。

(4)对商品供求关系具有非持续影响作用的因素有：突发事件，如政变、内战、罢工、大选、战争、经济制裁、政坛重要人物去世等。

三、季节性因素和自然因素分析

(1)季节性影响分析。如农产品及燃油的供应和需求具有季节性特点，以大豆为例，大豆种植、供应是季节性的。国内、美国大豆的收获期在每年的10～11月份，南美国家大豆的收获期在每年的4～5月份，一般来说，在收获期，大豆的价格比较低。需要注意的是，在考虑这些因素的影响时还要考虑是否有偶然性因素发生。

(2)自然因素影响分析：主要是指气候条件、地理变化和自然灾害等。具体包括地震、洪水、干旱、严寒、虫灾、台风等。农产品价格最容易受自然因素的影响，自然因素的重大变化对金属和能源化工产品也会产生重大影响。例如，当生产、运输和仓储因地震、雨雪等恶劣条件而造成较大损失或阻碍时，期货价格就可能上涨。

四、商品价值分析

商品价值分析包括商品自身的生产成本、期货交易过程中发生的费用、期货商品的流通费用、预期收益及通胀水平等。商品价值分析对金属更为重要一些。

为了更好地把握进行期货交易的有利时机，交易者在利用上述各项因素对商品期货价格走势进行定性分析的同时，还应利用统计技术进行定量分析，提高预测的准确度，甚至还需要通过建立经济模型，系统地描述影响价格变动的各种供求因素之间相互制约、相互作用的关系。如果这方面知识缺乏，可参考期货公司研发报告。

五、相关品种基本面分析指标选取参考

(1)股指期货。宏观经济走向及政策、资金面、市场估值、市场情绪、国际市场环境，并且结合短期、中期和长期指标。

(2)农产品期货。宏观因素、基本面状况、收储及抛储政策、各品种的比价关系(通过品种之间的比较关系的强弱来判断大的方向,同时找到一些套利的机会)、资金动向、技术分析。

(3)基本金属期货。就业率(衡量经济活动的理想指标)、房屋开工率与汽车销售量(一般是领先铜价上涨或下降)、CRB 指数、黄金期货连续合约、消费者指数和物价指数、合约价差。一般来说，远期合约价格都高于近期合约，因为涉及存货成本，可是，如果短期的供给非常紧俏(现货市场严重缺货)，可能例外。近月高于远月，价格通常处于涨势，反之价格大多横向或下跌。

(4)能源化工期货。从产业链出发，通过成本核算和供求关系，同时结合宏观经济形势、产业链动态、资金流向及品种特点进行走势研判。

(5)贵金属。宏观经济走向及政策、美元、原油、地缘政治、通货膨胀等。

六、基本分析注意事项

我们必须认识到，一方面，每一个基本数据的统计量都存在误差范围，不管对产量的估计如何精确，这种估计仍是以某个样本为基础进行的，而由于种种原因，样本常常无法充分反映现实；另一方面，基本分析只能提供你一个大的方向，但不会提供你起始时间，而由于期货的保证金制度，使得期货出入市时机非常的重要；再一方面，一般的散户无论是资历还是财力限制都做不到全面及时地基本分析。请看《热门商品投资》作者的描述：

我的经验是把该做的功课做完，一旦意识到供应和需求极不正常，就采取行动，肯定会非常走运。

对于任何给定的商品，想要更精确地定位其在未来可能的价格走向，你必须更深入地浏览商品研究局的累计研究资料，以及其他政府、产业和媒体资源的资料。在那些资料中寻找什么？指导方针很简单：供应和需求信息。

以铜为例：

供应：有关铜的信息，如过去的趋势、现在的库存和未来的供应都是可公开的信息。你必须把这些信息集拢。

要核对的主要变量是：

★全球铜的产量有多大？——储量有多少吨？生产地区可能经历混乱吗？储层是富矿吗？或者只是贫矿？现有库存是多少？世界上有多少座铜矿？这些矿是如何生产的？未来10年潜在的供应是什么？

★有新的供应资源吗？——旧矿扩建？何时？花费要多少？会增产多少铜？新增的供应进入市场前，要花多长时间？

★有新的潜在供应吗？——有多少？研发和生产成本要花费多少？这些新资源可用之前，要花多长时间？新供应应何时进入市场？

需求：这类商品大多用来做什么？当前的用途中，哪些用途会继续？如果铜价涨得太高，何种替代品能有效替代铜？有什么新的技术进步可能需求这种商品，而以前不存在这种需要？

根据作者所列出的分析项目，作为普通交易者的我们要去遵循显然是不可能的，但这并不是我们拒绝基本分析的理由。要想做中长期趋势，要想运作大资金，必须通过仔细研究世界经济形势、利率、财政状况、商品供给需求等状况，用锐利的眼光来观察特定的基本因素如何影响价格运动以及影响的程度和时间长短，同时从市场的最弱点着手，把注意力集中在潜在的需求变化以及它们的影响上。因为，每波大行情更多地是由需求引起的，比如2003年的铜和原油。遗憾的是，一直以来，市场倾向于知悉更多的供给因素而非需求因素，并且对供给因素的解释做得更好，所以有专家说，供给是预测市场，而需求是认识市场。同时，对于短线甚至日内交易者来说，利用市场对基本面信息的极端反应来交易也是非常重要的，如果不关注宏观信息、不研究产业链、不研究品种特性等，就会错失很多绝好的日内或短线机会。

第五章 交易依据之技术分析和大众心理分析

一、技术分析概述

1. 技术分析的含义

技术分析是以证券市场过去和现在的市场行为为分析对象，应用数学和逻辑的方法，探索出一些典型的变化规律，并据此预测市场未来变化趋势的技术方法。

2. 技术分析的基本假设

⑴市场行为涵盖一切信息。技术分析理论认为，能够影响某种期货价格的任何因素——基本面、心理面或任何其他方面的，实际上都反映在其价格之中。

⑵价格沿趋势移动。对于一个既成的趋势来说，下一步常常是沿着现存趋势方向继续演变，而掉头反向的可能性要小得多。

⑶历史会重演。技术分析和市场行为与人类心理学有着十分密切的关系，比如价格走势图表就是表示了人们对某市场看好或看淡的心理。那些经典图形在过去很管用，在未来也同样有效。

3. 技术分析的要素

在期货市场中，价格、成交量、持仓量、时间和空间是技术分析的五大要素。

4. 技术分析的理论基础

技术分析的理论基础是道氏理论，主要包含以下内容。

(1)市场价格平均指数可以解释和反映市场的大部分行为。

(2)市场波动具有三种趋势。道氏理论把趋势分成三类：主要趋势、次要趋势和短暂趋势。

(3)主要趋势有三个阶段。第一阶段为累积阶段。以熊市末尾牛市开端为例，此时所有经济方面的所谓坏消息已经最终地为市场所包容消化，于是那些最机敏的投资商开始精明地逐步买进。第二阶段，商业新闻趋暖还阳，绝大多数技术性地顺应趋势的投资人开始跟进买入，从而价格快步上扬。第三阶段，即最后一个阶段，报纸上好消息连篇累牍，经济新闻捷报频传，大众投资者积极入市，活跃地买卖，投机性交易量日益增长，正是在这个最后阶段，从市面上看起来谁也不想卖出，但是那些当初在熊市的底部谁也不愿意买进的时候乘机“积累”、步步吃进的精明人开始“消散”，逐步抛出平仓。

(4)各种平均价格必须相互验证。具体而言，道氏是指工业股指同铁路股指应相互验证，意思是除非两个平均价格都同样发出看涨或看跌的信号，否则就不可能发生大规模的牛市或熊市。

(5)趋势必须得到成交量的确认。如果大趋势向上，那么在价格上涨的同时，成交量应该日益增加，而当价格下跌时，成交量应该日益减少。在一个下降趋势中，情况正好相反。

道氏认为成交量分析是第二位的。

(6)一个趋势形成后将持续，直到趋势出现明显的反转信号。

应用道氏理论时需要注意，它对大趋势的判断有较大的作用，但对于每日每时都在发生的小波动则显得无能为力，甚至对次要趋势的判断作用也不大，所以可操作性较差。

二、技术分析分类

在价、量历史资料基础上进行的统计、数学计算、绘制图表方法是技术分析方法的主要手段，可分为 K 线分析、切线分析、图表分析、市场性质分析和市场结构分析五种。

1. K 线分析

(1)K 线的画法。

K 线是一条柱状的线条，由影线和实体组成。影线在实体上方的部分叫上影线，下方的部分叫下影线。实体表示一日的开盘价和收盘价。上影线的上端顶点表示一日的最高价，下影线的下端顶点表示一日的最低价。根据开盘价和收盘价的关系，K 线又分为阳线和阴线两种。收盘价高于开盘价时为阳线，收盘价低于开盘价时为阴线。如图 5-1 所示。

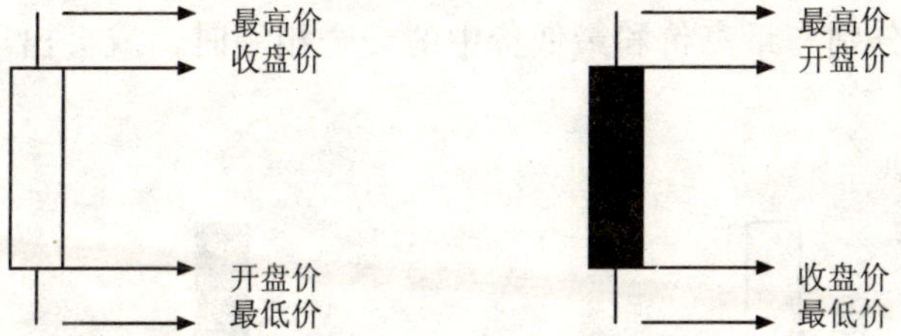

图 5-1　阳线与阴线

注：日开盘价是指每个交易日的第一笔成交价格，日收盘价是指每个交易日的最后一笔成交价格。

(2)K 线的主要形状。

①光头阳线和光头阴线。这是没有上影线的 K 线，当收盘价或开盘价正好与最高价相等时，就会出现这种 K 线。如图 5-2 所示。

图 5-2　光头阳线与光头阴线

②光脚阳线和光脚阴线。这是没有下影线的 K 线。当开盘价或收盘价正好与最低价相等时，就会出现这种 K 线。如图 5-3 所示。

图 5-3　光脚阳线与光脚阴线

③光头光脚的阳线和阴线。这种 K 线既没有上影线又没有下影线。当收盘价和开盘价分别与最高价和最低价中的一个相等时，就会出现这种 K 线。如图 5-4 所示。

图 5-4　光头光脚阳线与光头光脚阴线

④十字线。当收盘价和开盘价相同时，就会出现这种 K 线，它的特点是没有实体。如图 5-5 所示。

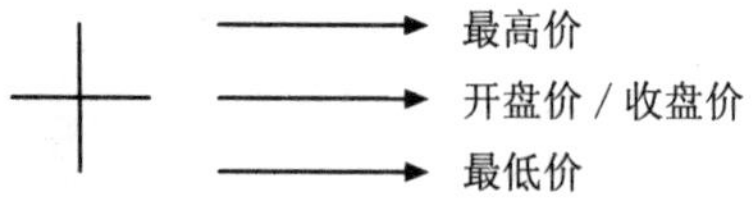

图 5-5　十字线

⑤T 字线和倒 T 字线。当收盘价、开盘价和最高价三价相等时，就会出现 T 字线 K 线图；当收盘价、开盘价和最低价三价相等时，就会出现倒 T 字线 K 线图。它们没有实体，也没有上影线或者下影线。如图 5-6 所示。

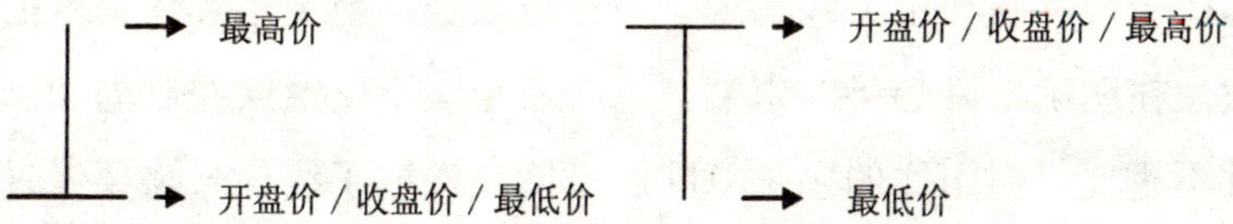

图 5-6　T 字线和倒 T 字线

⑥一字线。当收盘价、开盘价、最高价、最低价四价相等时，就会出现这种 K 线，这种线型也没有实体。如图 5-7 所示。

图 5-7　一字线

(3)K 线的实际运用。

K 线分析的优点是在重大价格走势发生之前，预先找到一些征兆或信号；K 线信号所反映的是人类贪婪与恐惧的情绪，因此如果我们能够在学习和分析过程中了解每个 K 线信号发展过程的投资心理状态，那么交易胜算将会大幅提高。在所有期货品种走势中，K 线信号有数十种，由于大多的信号出现频率很低，所以新手不必急于学习所有信号，只需掌握下面讲解的最常用的 8 种信号，就足以帮助我们建立很好的多、空部位了。

①十字线。十字线由单一线形构成，其开盘价和收盘价相同。如果延伸性涨势或跌势末端出现十字线(注意：影线的长度不能太长)，这根 K 线将代表着反转信号，意味着多空双方当天交手的结果势均力敌，往后的走势方向变得扑朔迷离。它通常不需要经过确认，就该立即结束多头或空头部位。如图 5-8 所示。

图 5-8　十字线

②槌子线。由一根K线构成，下影线很长，至少是实体长度的两倍。它一般发生在明确下降趋势的末端，意味着空头不能继续控制局面。槌子线的颜色并不重要，但阳线的多头意味胜过阴线，槌子线信号需要经过隔天走势的确认，隔天开盘价必须持续展现多头力道，方可建立多头部位。如图5-9所示。

图5-9 槌子线

③吊人线。由一根K线构成，下影线很长，至少是实体长度的两倍。吊人线属于空头形态，意味着空头的企图必定发生在明确上升趋势的末端。吊人线的颜色并不重要，但阴线的空头意味胜过阳线。吊人线信号需要经过隔天走势的确认，隔天开盘价必须持续展现空头力道，方可建立空头部位。如图5-10所示。

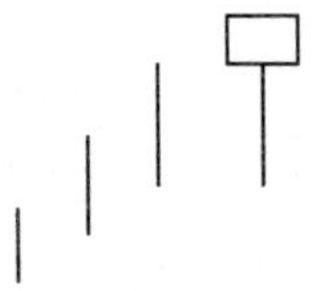

图5-10 吊人线

④流星线。由一根K线构成，线形实体很小，影长至少是实体长度的两倍。这种K线多发生在明确的上升趋势末端，长长的上影线代表着空头势力明显增强，虽然多头还能勉强维持价格收红，但空方势力绝对不可忽略。流星信号必须经过确认，隔天应该出现阴线，最好是跳空开盘，然后价格收低。如图5-11所示。

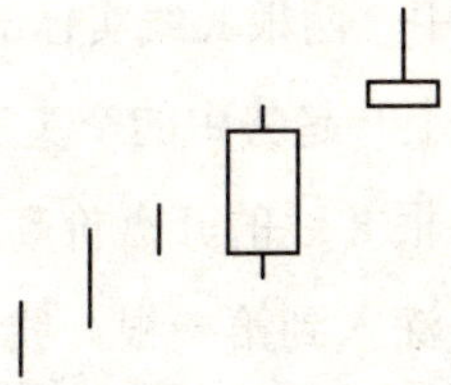

图 5-11　流星线

⑤吞噬形态。由两根不同颜色 K 线构成的主要反转排列。它包括多头吞噬形态和空头吞噬形态。

多头吞噬形态发生在下降趋势，第一根 K 线是顺势的阴线，第二根 K 线的开盘价低于前一天收盘价，但收盘拉高，甚至高于第一天 K 线的开盘价，使得第二天阳线实体完全吞噬第一天的阴线实体。它意味着多头在当天已经完全扭转情势，取得了盘面控制权，属买入信号。如图 5-12 所示。

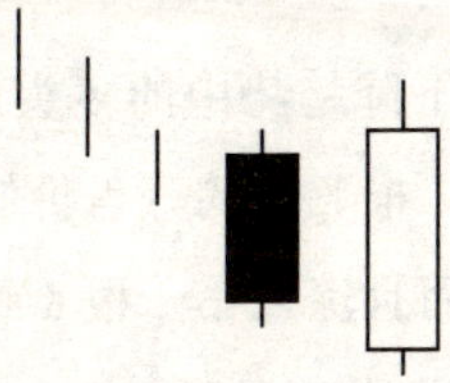

图 5-12　多头吞噬

空头吞噬形态发生在上升趋势，第一根 K 线是顺势的阳线，第二根 K 线的开盘价高于前一天收盘价，但收盘拉回，甚至低于第一天开盘价，使得第二天阴线实体完全吞噬第一天的阳线实体。它意味着空头在当天已经完全扭转情势，取得了盘面控制权，属多头平仓或空头开仓信号。如图 5-13 所示。

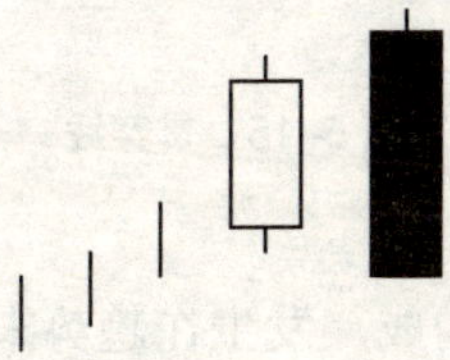

图 5-13　空头吞噬

要注意的是，在吞噬形态中，两根K线实体部分的端点只能有一端相同。

⑥乌云罩顶。它是发生在上升趋势中的空头反转形态，由两根K线构成。第一根K线为顺势阳线，第二根K线的开盘价高于第一根K线最高价，但收盘价却逼近当天最低价，而且深入到第一根K线实体的下半部，意味着空头开始反扑。产生这两根K线的成交量如果是放大的，那么可以确认反转信号，多头应了结部分头寸，激进的交易者可以建立空头仓位。如图5-14所示。

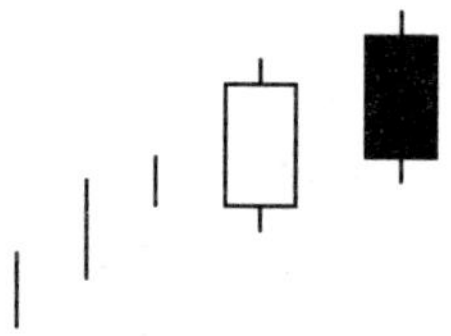

图5-14　乌云罩顶

⑦贯穿线。它是发生在下降趋势中的多头反转形态，由两根K线构成，第一根K线为顺势阴线，第二根K线的开盘价低于第一根K线的最低价，但收盘价却逼近当天最高价，而且深入第一根K线实体的上半部，意味着多头开始发生反攻。如果产生这两根K线的成交量是放大的，那么可以确认反转信号，空头可以平仓，激进交易者可以建立多头仓位。如图5-15所示。

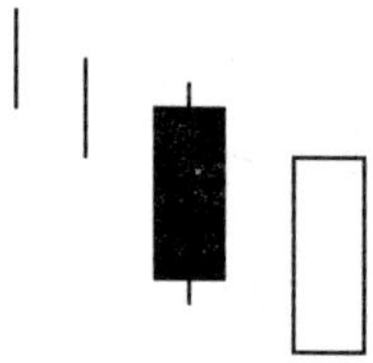

图5-15　贯穿线

⑧母子线。由两根K线构成，发生在趋势末端。它包括多头母子和空头母子。

多头母子发生在下降趋势末端，第一根K线是顺势阴线，实体部分很长。第二根K线为阳线，实体较短。第二根K线的开盘价和收盘价都包含在第一根K线实体范围内，这种K线排列意味着空头气势暂时收到压制，既有的下降趋势有可能结束。这个信号需要进一步确认，隔天应出现强劲走势。如图5-16所示。

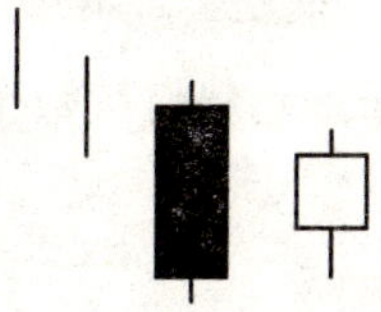

图5－16 母子线

(4)如何利用K线评估最佳潜能交易。

①辨识信号。交易信号是当时所有参与交易活动的交易者知识的集体表现，而K线信号是趋势反转点第一个真正征兆，所以我们判断价格是否处于顶底时，要看看它是属于哪个信号，其背后人们的心理是怎样的。

②分析随机指标。K线信号之所以发生错误，绝大部分情况都是因为这些信号没有经过技术指标如随机指标的确认。如果K线信号发生在随机指标的超买或超卖区域(随机指标的分析方法可参见市场性质分析)，那么信号可信度将大大提高。

③分析成交量和持仓量。在K线信号的评估中，成交量和持仓量虽然不是主要的考虑因素，可是它的分析将有助于提升信号的可信度，成交量和持仓量的分析方法可参见市场性质分析。

④检查价格走势过程。看看价格是如何发展到今天的，确认一下目前处于历史走势中的什么位置，是趋势发展初期、中期还是延伸期。

⑤运用图形分析技巧，预测未来走势发展，比如持续图形或反转图形。

2. 切线分析

(1)趋势分析。

在行情中最重要的就是对趋势的把握，可以说期货交易中最频繁发生的错误就是没有考虑当前趋势的条件就去交易。那么，什么是趋势？趋势是指市场价格的波动方向。若确定了一段上升或下降的趋势，则价格波动必然朝着这个方向运动。趋势的方向有三类：上升方向、下降方向、水平方向(无趋势方向)，如图 5-17、图 5-18、图 5-19 所示。按道氏理论的分类，趋势分为三种：短期趋势、中期趋势和长期趋势。短期趋势持续数天至数星期，中期趋势持续数个星期至数个月，长期趋势持续数个月至数年。

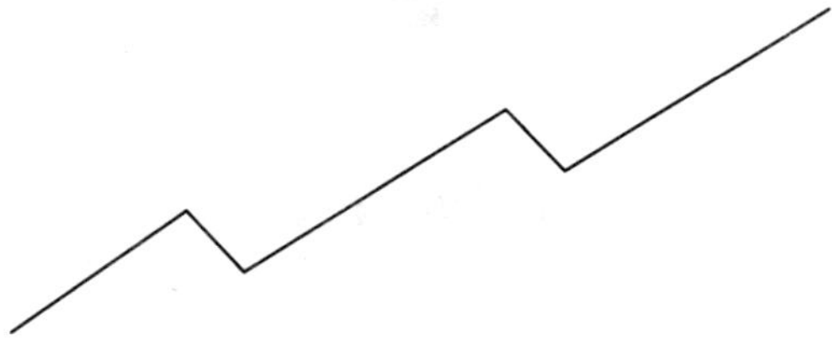

图 5－17　上升趋势(其中峰和谷依次递升)

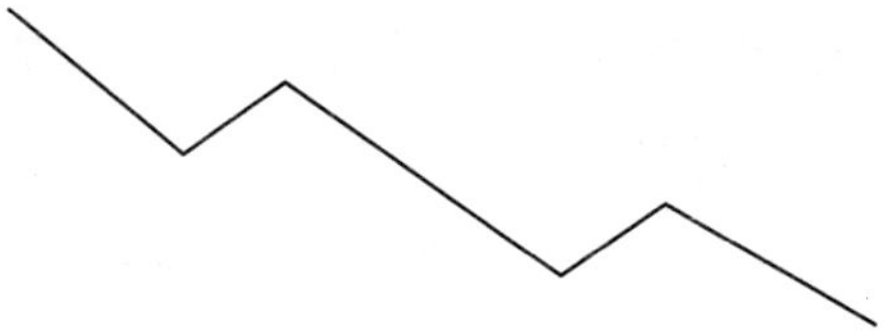

图 5－18　下降趋势(其中峰和谷依次下降)

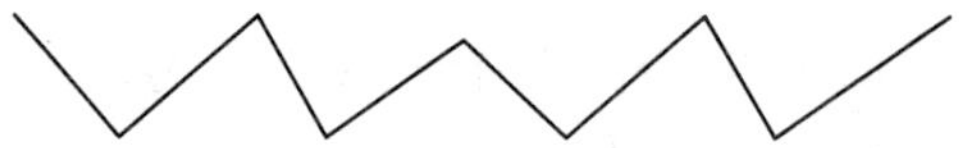

图 5－19　横向延伸趋势(峰和谷水平伸展)

趋势分析需要注意以下三点：

①趋势总是过后才会很容易看出来，对于当时，趋势能否形成，能运行多久很难知道，只能根据经验做概率性判断。

②骗线现象不可避免且时有发生，所有作为行动依据的信号要到很晚才能趋于明朗。所以我们必须能依据成功的交易不断获取利润或获取巨大的利润来补偿这两个弊端可能造成的损失，不能因为骗线就对趋势失去耐心和信心。

③要能够区分大趋势中常见的次要调整和掉头反转的新趋势的第一轮冲锋。

(2)支撑线和压力线。

支撑线或压力线是连接过去行情中低点或高点而形成的线，如图5-20、图5-21所示。它们的作用是阻止或暂时阻止价格朝一个方向继续运动。支撑线和压力线可以相互转换。当价格有效跌破支撑线后，支撑线就变成压力线；当价格有效突破压力线后，压力线就变成支撑线，如图5-22所示。支撑线和压力线之所以能起到支撑和压力作用，两者之所以能够相互转化，很大程度是由于心理因素的原因。一条支撑线或压力线对当前影响的重要性有三个方面的考虑：一是价格在这个区域停留时间的长短；二是价格在这个区域伴随的成交量大小；三是这个支撑区域或压力区域发生的时间距离当前这个时期的远近。

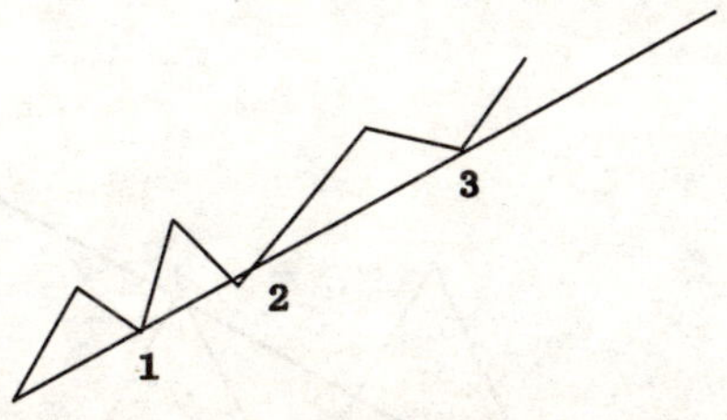

图5-20　支撑线

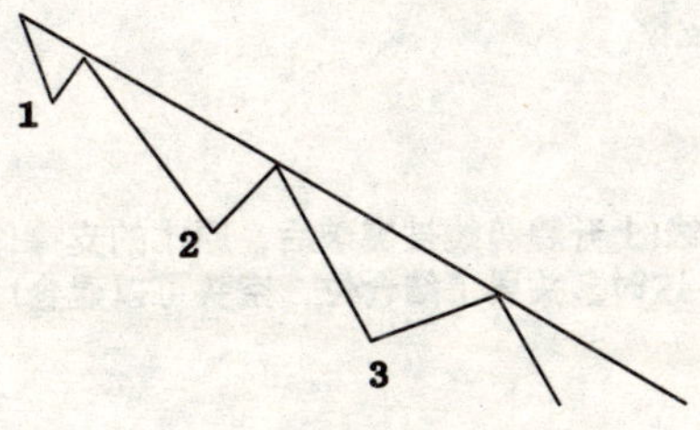

图5-21　压力线

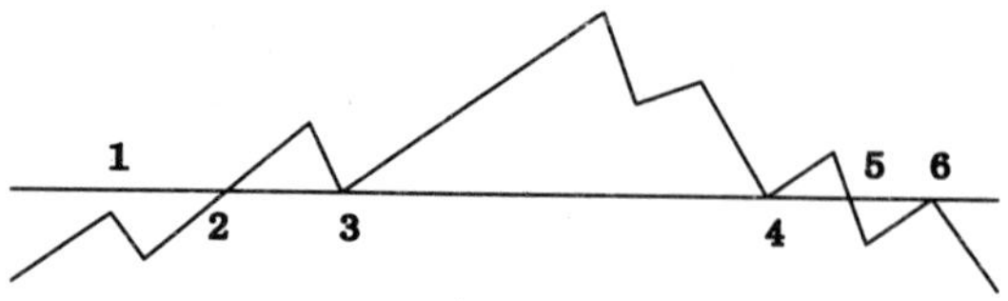

图 5-22 支撑线和压力线的相互转换

(3)趋势线和轨道线。

①趋势线。所谓趋势线就是中长期上涨行情中最近两个以上的低点的连线以及中长期下跌行情中两个以上高点的连线，前者被称为上升趋势线，后者被称为下降趋势线。趋势线分析有两个重要作用，支撑、压力作用及趋势发展时期判断依据作用。

支撑、压力作用：当价格突破趋势线后，说明价格走势将放生变化，或者是反向运动或者是横向运动。如果是反向运动，被突破的趋势线原来所起的支撑和压力作用将相互交换角色，如图 5-23、图 5-24 所示。

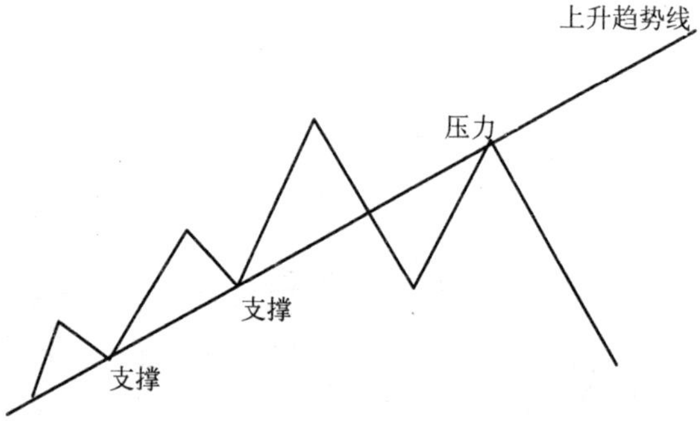

图 5-23 上升趋势线(上升趋势线被突破后，原本的支撑作用转换为压力作用。这时多头要了结仓位，空头可以建仓)

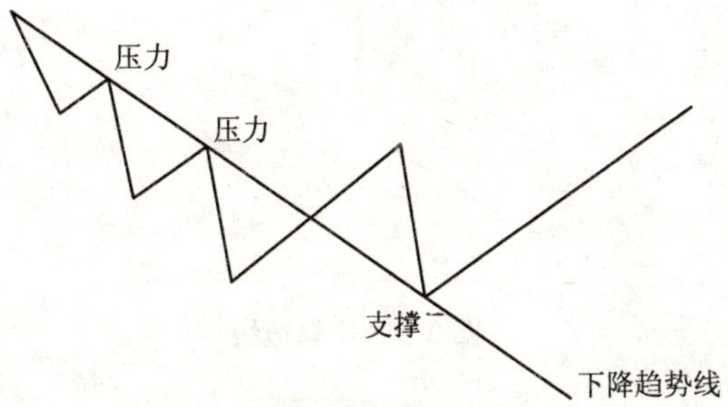

图 5－24　下降趋势线(下降趋势线被突破后，原本的压力作用转换为支撑作用。这时空头要了结仓位，多头可以建仓)

趋势发展时期判断作用：趋势线的角度会帮助我们判断趋势运行时期，在趋势发展初期，趋势线的角度为 25° 左右，趋势发展中期，趋势线的角度为 45° 左右，趋势发展末期为 70° 左右。

可见，趋势线分析对判断价格下一步发展至关重要。但在实际中建立准确的趋势线并不容易，不同的图表分析家运用不同的准则或选择不同的点在图中做趋势线，同时趋势线有效突破的判断准则是什么，也没有明确的标准。我们在学习过程中必须要活学活用，根据品种过去的表现来确定最恰当的趋势线，根据历史走势和交易过程制定有效突破的准则。

对于趋势线中的高低点选择，笔者的判断是，高低点是日 K 线中连续上涨或下跌后，反向调整结束中形成的低点或高点的 K 线收盘价或开盘价，如果上涨 20 天涨了 200 点，仅仅回调两天回调 20 点，价格继续上扬，这个低点就不能作为趋势线的低点。

②轨道线。轨道线又称通道线或管道线，是基于趋势线的一种方法。在已经得到了趋势线后，通过第一个峰和谷可以做出这条趋势线的平行线，这条平行线就是轨道线。如图 5-25 所示。

轨道线和趋势线是相互合作的一对儿。很显然，先有趋势线，后有轨道线。趋势线比轨道线重要。趋势线可以单独存在，而轨道线则不能单独存在。

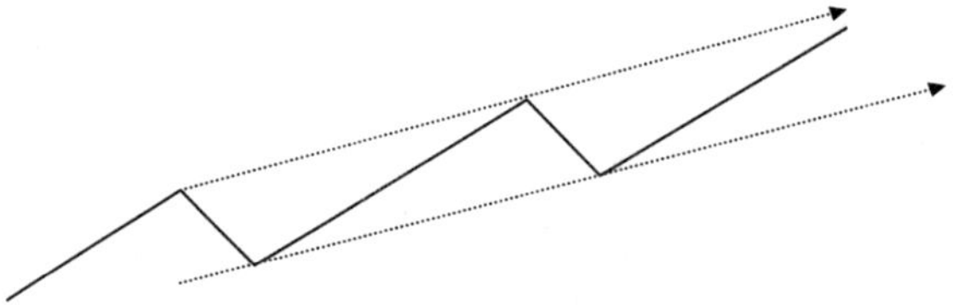

图 5－25　轨道线

（4）黄金分割线和百分比线。

①黄金分割线。黄金分割法是依据 0.618 黄金分割率计算得出的点位。价格上涨或下跌过程中，不会一直单向运行，由于获利盘和止损盘的出现，当价格运行到一定程度后，会出现反向运动，而这个反向运动很大概率上会在黄金分割位附近停止，黄金分割位计算方法是依据上升或下跌幅度的 0.618 及其黄金比率的倍率来确定支撑和压力点位。如图 5-26 所示。

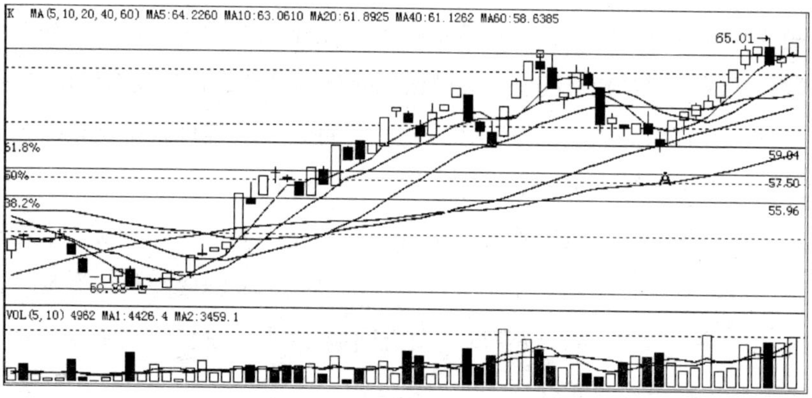

图 5－26　美原油日线走势图

价格在下跌到上涨幅度的 0.618 位置时（A 点所示）遇到支撑停止下跌

黄金分割位是预测价格调整幅度的重要指标。如果一个走势经过了小幅回撤（40%及以下）后继续运行，则说明原趋势很强，反向调整也会很强。如果一个走势经过了深幅回撤（60%及以上）后继续运行，则说明原趋势很弱，反向调整也会很弱。同时，黄金分割位也是预测价格调整结束后运行目标的重要指标。强劲上涨后的一个50%的回撤意味着一半的概率涨过前期高点强劲上涨后的一个60%的回撤1/3的概率涨过前期高点。一个100%的回撤会形成一个双底，然后会有50%～60%的反弹。

②百分比线。当价格持续向上涨到一定程度，肯定会遇到压力；遇到压力后，就要向下回撤。回撤的位置很重要。黄金分割提供了几个价位，百分比线也提供了几个价位，如图5-27所示。

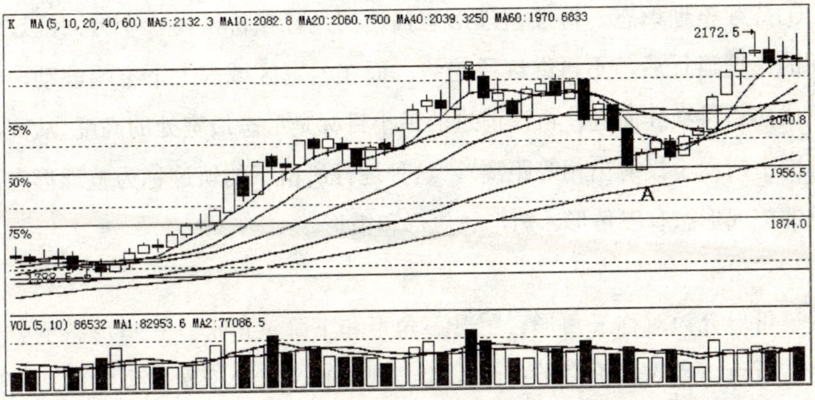

图5－27　伦敦铜日线走势图

价格在下跌到上涨幅度的50%位置时(A点所示)遇到支撑停止下跌

(5)均线。

均线是指最近N天收市价格的算术平均线。比如60日均线即指最近60天收市价格的算术平均线。它的作用是指明价格运行方向以及价格上涨或回调过程中的压力与支撑位置，一般采用长中短期3条以上均线。

需要注意的是，由于期货各品种行情性质不同，所采取的均线体系是不同的。一般来说，10日均线在最强劲的行情中采用，20日均线在长中短行情中采用，股指、基本金属的长期均线要在120日以上；在中长期趋势行情中，均线判断较为准确，震荡行情中，不宜采用均线判断。

3. 图表分析

图表是指记录着价格或成交量变化轨迹的一种表格，用于判断行情在整个变化过程中都包含哪些因素的资料。图形分析是所有市场分析方法中最古老的一种，它是对人类心理学，即交易者对不断发展的市场情况所做反应的研究，其最大的优势在于，可以很清楚地看出在某一点上其他交易员的想法。图形分析是最基础的，也是陷阱最多的地方。

(1)图形的分类。

图形分为持续整理形态和反转突破形态两种。

①持续整理形态。持续整理形态描述的是，在价格向一个方向经过一段时间的快速运行后，不再继续原趋势；而在一定区域内上下窄幅波动，等待时机成熟后再继续前进，再次前进的最小目标是形态最宽处的高度(从突破点起，向上或向下投射出相等距离)，这种运行所留下的轨迹称为整理形态。最常见的整理形态有三角形、矩形、旗形和楔形。

a. 三角形

三角形分为对称三角形、上升三角形和下降三角形。三角形态至少要有四个转折点，当收盘价突破三角形的一侧线时，三角形态即告完成，出现建仓点。要注意的是三角形态的完成有时间极限，那就是三角形两边线的交点即顶点。一般来说，价格会在三角形横向宽度的一半到 3/4 之间的某个位置上进行突破。如果在 3/4 以上，那么价格很难再发生突破，如图 5-28 至图 5-30 所示。

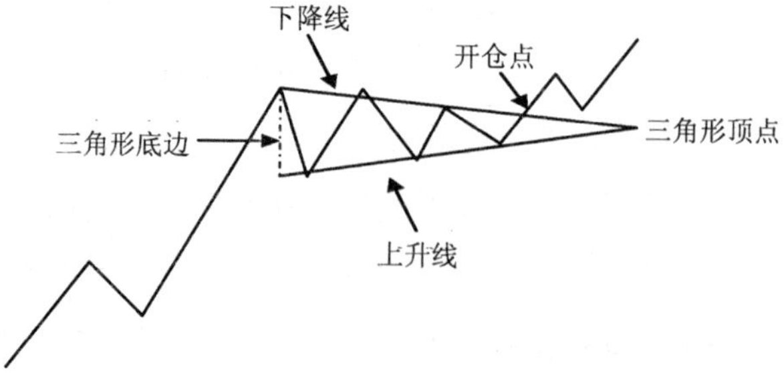

图 5－28　向上突破的对称三角形

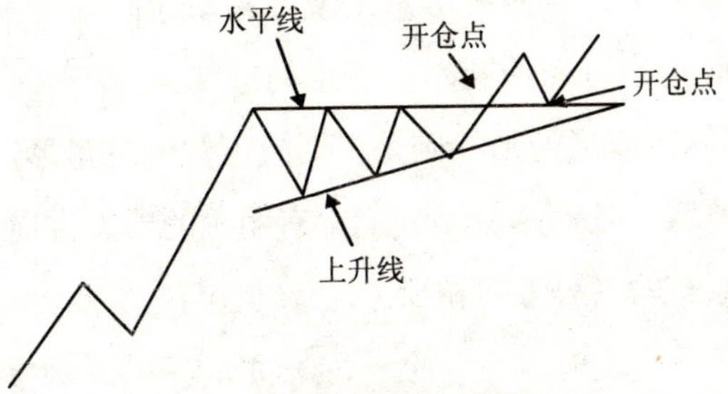

图 5－29　属看涨形态的上升三角形

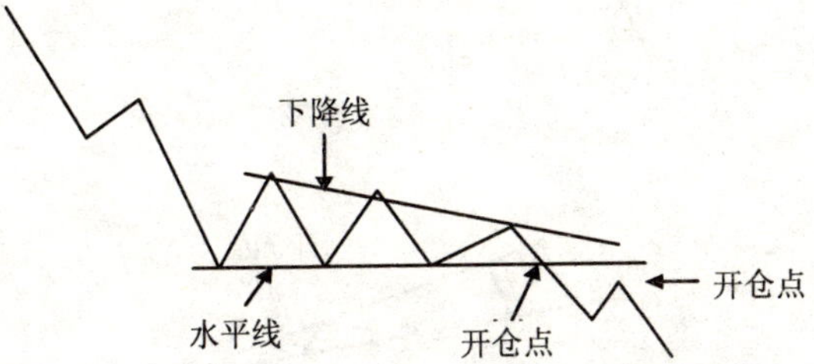

图 5－30　属看跌形态的下降三角形

b. 矩形

矩形又叫箱形，是一种典型的整理形态。它是指价格在两条横着的水平直线之间上下波动，做横向延伸的运动，如图 5-31 所示。

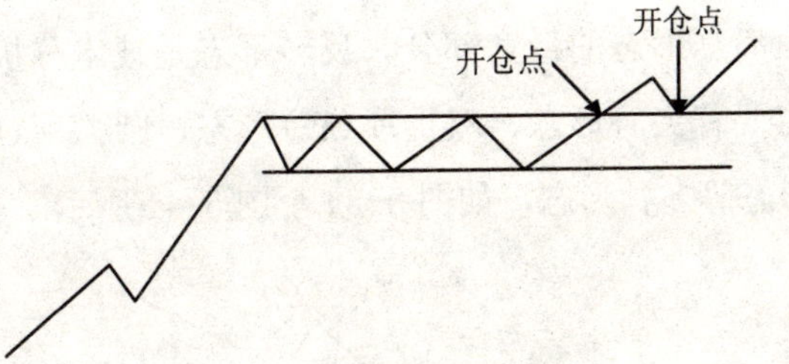

图 5－31　矩形

从图 5-31 中可以看出，矩形在其形成的过程中可能演变成三重顶(底)形态，所以我们在面对矩形操作时，一定要等到突破之后才能采取行动。

c. 旗形和锲形

在价格的曲线图上，这两种形态出现的频率最高，一段上升或下跌行情的中途，可能出现几次这样的图形。旗形的形状是一上倾或下倾的平行四边形，如图 5-32 所示。锲形的形状则是上倾或下倾的三角形，如图 5-33 所示。这两个图形有个特殊之处，那就是它们都有明确的形态方向，如向上或向下，并且形态方向与原有的趋势方向相反。

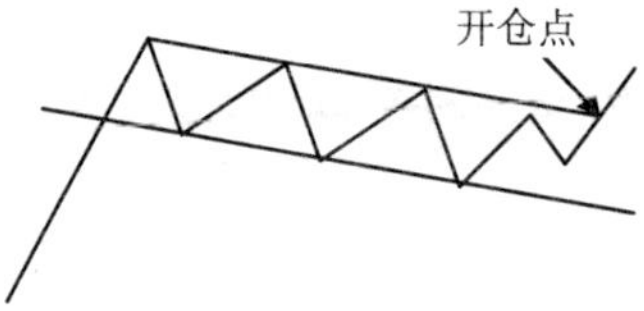

图 5－32　旗形

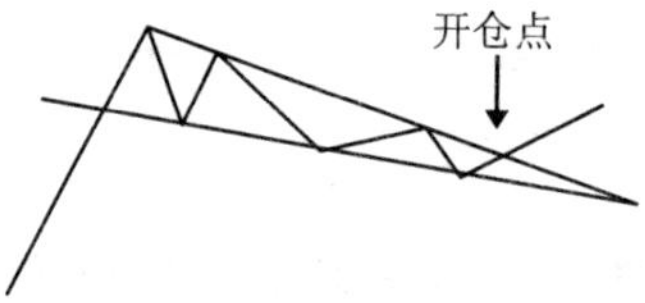

图 5－33　锲形

旗形是由于价格做直线运动形成的，它的持续时间一般不能超过 3 周，否则原来趋势继续行进的可能性将减弱。

(2)反转突破形态。反转突破形态描述了趋势方向的反转，形态形成后价格运行的最小距离是形态的最宽部分。反转形态是技术分析中应该重点关注的变化形态，主要有头肩形态、双重顶(底)形态、圆弧顶(底)形态、喇叭形以及 V 形反转形态等多种形态，如图 5-34 至图 5-41 所示。

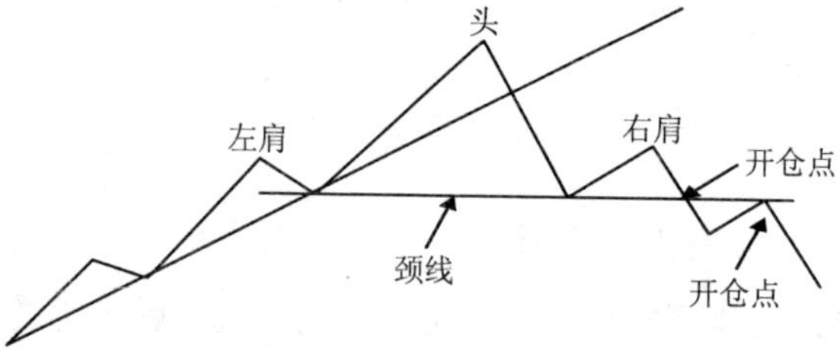

图 5－34　头肩顶

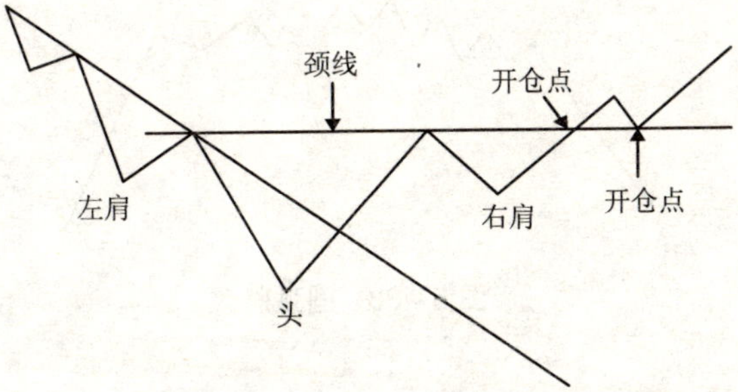

图 5－35　头肩底

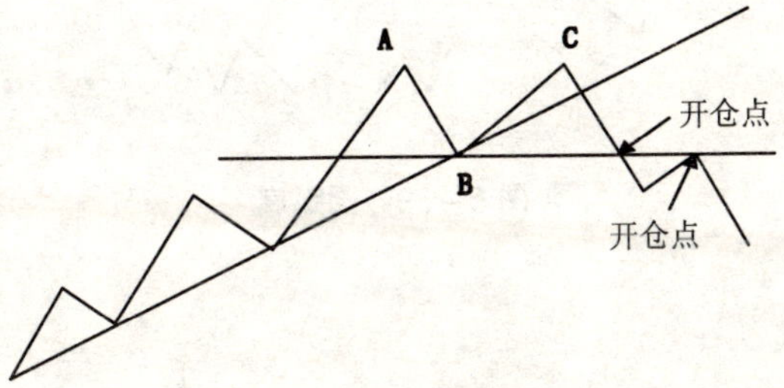

图 5－36　双重顶

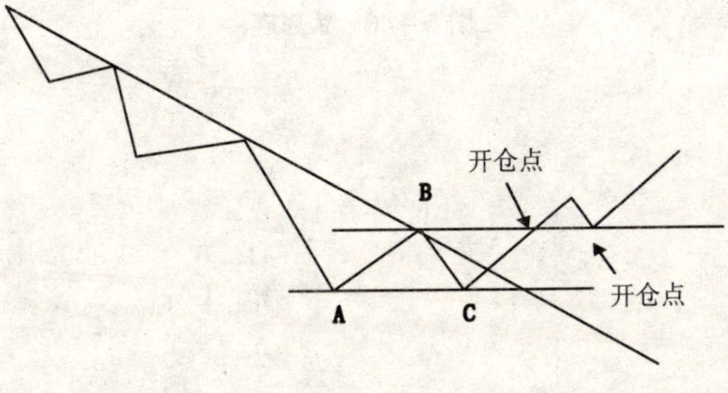

图 5－37　双重底

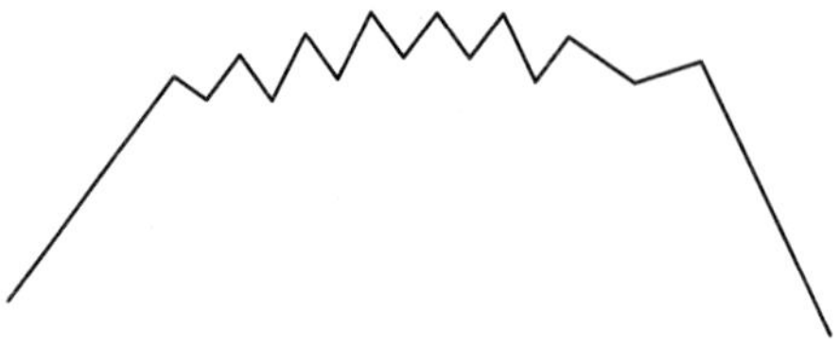

图 5-38 圆弧顶

图 5-39 圆弧底

图 5-40 V 形底

图 5-41 V 形顶

(3)进行图形分析时需要注意的问题。

①一个图形之所以归为反转形态或持续形态，是它经常在这种形态中出现的缘故，这并不意味着不可能在另外一种形态出现。

②利用图表分析的关键是要透过现象看本质，了解关键图形背后所反映出来的情绪性因素。无论连续图还是反转图的使用方法已广为人知，人们根据它们采取的行动也非常一致，这使得市场会出现买入或卖出高潮，从而产生“自足的预言”的现象，而当这种买浪或卖浪过去以后，市场价格经常就会向反方向运动，从而形成“形态陷阱”。

③价格形态需要长时间酝酿，当确认信号出现时，价格排列可能已经完成 3/4 或以上。

为了尽可能把走势形态判断准确，每位交易者都必须知道哪些形态发生的概率大，哪些形态发生的概率小，交易中应避免小概率形态，集中火力在最有可能发生的结果上。

④最好的形态都具有一个关联密切的共同点，代表着市场极端情绪化，在依据它们做交易时，不要忘记关注自己的情绪和行为模式。

⑤在市场应出现某种状况而没有出现的情况下，我们应该根据新的信息进行交易。比如价格跌破头肩顶颈线后我们做了空，但是价格却没有继续下跌反而上涨，超过了颈线，那么这时我们就要看多而不是看空。

⑥最成功的交易往往是由好几项条件如价格、成交量、时间所构成，所以识别交易机会不能光靠图表形态一项。

⑦不同的经济周期(如通货膨胀阶段或经济停滞阶段)，同样的图表形态所反映的情况是不一样的。要对每个市场、每个品种的个性有所了解。

⑨价格形态的解释总是充满主观成分，对于同一图表，几乎没有两个人拥有完全一致的看法，而且很多人是按照他自己的希望而做出解释，因此我们一定要有自己的主见，并把主见建立在对足够数据的观察和统计上，而不是自己爱好的某些特别的方面。

4. 市场性质分析

(1)震荡指标分析法。

震荡指标分析主要是用来判断超买或超卖的行情，它依据于如下两个原理：

①如果价格涨跌速度太快，那么这种涨跌就会过度。例如，如果在一个很短的时间区间内价格的上升给交易者带来了意想不到的异常利润，那么就可以推定买方力量已经耗尽。价格就会回跌甚至返回上升前的价位，使得一部分或者全部利润化为乌有，这样的市场被称作“超买”市场，相反则称为“超卖”市场。因此，交易者要通过震荡指标的构成来帮助监测和判断价格的变化速度。

②当一种价格趋势逐渐失去前进动力时，它就会慢慢趋于衰竭。这时这种价格趋势仍会继续，但涨势越来越弱，直到它完全消失。比如，当价格继续创新高但是震荡指标由大减小时(即顶背离)，就表示是一个顶部信号，如果出现相反的情况就表示是一个底部信号。通过这种方式，震荡指标可以被用来衡量一种价格。

期货市场中最为流行的震荡指标之一就是随机震荡指标。随机指标是通常所说的“概率”、“推测值”等意义下的指标。它包括两条曲线，%K线和%D线，一般%D线更为重要，是发出重要买卖信号的曲线。%K和%D的运用主要分三个方面：超买与超卖；%K和%D的位置关系；%K和%D的位置与行情价格的比较。

超买与超卖的含义是，%K、%D值的震荡变化都在0～100之间，一般设70、30值为上下警戒线。当%K、%D值超过70时，表示当前收市价格处于偏高的价格带内，是超买状态；当%K、%D值低于30时，表示当前收市价格处于偏低的价格带内，是超卖状态。

关于%K和%D的位置关系主要是交叉方式，在超卖区%K上穿%D是金叉为买入信号，在超买区%K下穿%D是死叉为卖出信号。

关于%K和%D的位置与行情价格的比较主要是看%K和%D与市场价格

的背离。当%K 和%D 处在高位，并形成两个依次向下的峰，而此时价格还在一直上涨，这叫作顶背离，是卖出信号；与之相反，%K 和%D 处在低位，并形成一底比一底高，而价格还继续下跌，这构成底背离，是买入信号。

利用震荡指标进行交易需要注意几个问题：其一，震荡指标在无趋势的箱体形态中的准确性更高一些；其二，市场的超买或超卖信号对考察交易者的情绪非常重要；其三，回顾历史，虽然价格趋势达到顶峰或谷底，而同时伴随着震荡指标的变化率提前显示出动力明显丧失的现象比比皆是，但是在大牛市或大熊市中，震荡指标将在超买或超卖区间要停留很长时间，以致误导你的判断。

(2)成交量分析法。

①成交量的定义：成交量是指某一时间内买进或卖出的商品期货合约数量，通常为一个交易日的成交合约数。

②成交量分析的意义：

a.它代表着流动性，它反映了交易者的活动，它能说明有多少笔交易真正成交。

b.成交量水准说明了人们从事交易的意愿，反映交易者对市场的态度。高成交量信心高，低成交量信心低。

c.成交量的变化是判断趋势将要持续还是反转的线索。

③衡量成交量的方法。

a.实际成交的合约数。目前交易所采用的就是这种，这是衡量成交量最为客观的方法。

b.跳动量。指在选定时间内价格变化的次数。如 10 分钟或 1 小时内价格变化的次数。这个方法属于统计范畴，需要每天去做。

④成交量在交易中的运用。

a.成交量经常被运用于验证价格形态。比如头肩顶成立的预兆之一是：在头部形成过程中，当价格冲到新高点时成交量较少，而在随后的向颈线下跌时成交量应该较大。

b.成交量增大代表走势继续原方向的力度更强，成交量越大，相同方向的走势越快，有时会出现惊人的天量，这一般代表走势已到了尾声。

c.成交量的高低要针对历史资料衡量，主要水准在于它们的巨变。这是价格——情绪关系中某些事物在改变的明显指标，可以用主力合约衡量。

d.出现巨大成交量时，要切记一点，成交量峰值并不能告诉你接下来的反转会持续多久，或者多剧烈。它只是告诉你当前的价格运动已经筋疲力尽，它有可能会最终形成主要的顶部或者底部，或者形成局部的拐点。

e.成交越密集，意味着买卖双方完全相反的价值判断的程度就越高，价值判断就越难。

(3)持仓量分析法。

①持仓量的定义：尚未经相反的期货或期权合约相对冲，也未进行实货交割或履行期权合约的某种商品期货或期权合约。

②持仓量的意义：历史上最伟大的国债交易员查理•D说，你怎样选择正确的交易法呢？首先，你必须对准持仓量这个目标重点出击。巨大的持仓量标志着这个市场里有众多的玩家。当持仓量数量巨大时，就有可能发生某种戏剧性的事情，只要有持仓量，就会有故事。他之所以这样说，大致有这样几个原因：

a.持仓量的水准代表了市场的效率或流动性，它是测量市场在目前价位吸引新交易的能力，在高水准的持仓量之下，市场极具流动性。

b.更多的持仓量意味着许多交易者持有头寸过夜。

c.在一个趋势中高的持仓量意味着市场被极有力的手所控制，而且趋势很有可能仍将持续，当市场在较弱的手里时，则趋势很有可能会失败。

③持仓量分析在交易中的运用。

a.持仓量和成交量一样，它的高低要针对历史资料衡量，主要水准在于巨变。

b.在趋势中(无论是上升趋势还是下跌趋势)，持仓量都应该增加，持仓量增加意味着对该趋势之承诺不断加强。

c.成交量与持仓量的剧增，基本上会在短期之内破坏价格——情绪的有限循环，尤其是持仓量的增加会使得投资者过度紧张，而在相反细微的价格变化下，诱使他们结清其头寸。

(4)价格与持仓量变化观测表。

价格与持仓量之间的变化如表5-1所示。

表5-1　价格与持仓量变化表

价格	持仓量	多方	空方	分析
↑	↑	获利加码	亏损加码	多头稳健
↑	↓	获利了结	止损离场	涨势趋缓
↓	↑	亏损加码	获利加码	空头稳健
↓	↓	止损离场	获利了结	跌势趋缓

(5)运用成交量和持仓量进行分析的优缺点。

优点：把成交量和持仓量的增加和缩减与价格走势进行对比，我们可以知道哪些合约交易更为活跃，以及各个合约市场的成交规模有多大；同时还可以判断市场是否存在热点，如果有热点，热点分布在哪个板块或哪个品种。

缺点：在成交量和持仓量分析报告中充满了大量的、定义含糊的术语："高低成交量"、"剧增"、"比季节性预期下降的更大"等等，为有效利用这一方法，我们必须量化这些术语，以避免得出毫无意义太过笼统的结论。另外，成交量和持仓量并不是买入卖出的主要信号，它们只是辅助信号。

5. 市场结构分析

结构分析是帮助我们确定行情所处的位置，从而确定市场随后的发展。它包括季节性、时间周期、艾略特波浪理论。结构化理论家深信，对市场的历史表现进行集中深入的研究，将会揭示市场本身所存在的一些可以理解的而且曾反复出现的价格形态。

(1)季节性分析。

期货价格在某一时期非常有可能向一个方向或另一个相反的方向移动，这些季节性的价格运动趋势通常是由于某种特定的方式，即某种期货商品的生产或销售方式引起的。比如，供给的忽然增加将导致价格降低；随着供给的消耗，价格则有望上升。在技术分析方面，选择季节性分析法的交易者，依据的是一个特定年份中最可能发生价格上升或下降的某些特殊时期；还有些季节性交易者则力图指出最可能出现全年的价格最高点或最低点的一些特定日期。利用季节性分析方法的朋友必须认识到，季节性分析几乎不能提供关于交易期间风险方面的信息。此类交易者必须做出必要的判断，以确定其选择的季节性交易是否在其规定的合理范围之内，而且其交易计划的周密程度必须足以处理交易期间可能出现的不利情况。

(2)时间周期。

价格波动内部蕴涵着一种韵律即节奏性，对这种节奏，技术分析理论用价格运行在时间上具有周期性来描述，比如时间窗口。根据大量股市书刊介绍，时间周期是真实存在的现象而非空想。根据时间周期进行期货交易从理论上是可能的，但这一方法很少有人使用。时间周期的运用难点在于市场的提前和滞后。其实，虽然我们不用时间周期指示交易的选择，但这一类的观察和掌握对于我们评估交易目标的风险还是很有帮助的。因此我们同样不能放弃对它的学习和掌握。

(3)艾略特波浪理论。

艾略特波浪理论是一套用于预测经调整的周期性方法，它是道氏理论的发展。该方法的基础是利用图形计算价格上涨和下跌波浪的个数。它的基本理论是，价格沿着主要趋势的方向移动时以 5 个浪为一数列，而针对主要趋势的“矫正”性移动以 3 个浪为一序列。每个浪本身又可以分几个次级浪，而这些次级浪又可以化分成更小的次级浪，如此一直类推下去，如图 5-42 所示。艾略特波浪的计数是以斐波纳奇数列为基础的。在期货交易中，运用艾略特波浪方法的人很多，但是我们需要注意的是，根据美国专家理查德•特维莱斯所说，艾略特从未暗示他的法则能用于预测期货价格，他的预测工作几乎全部集中于道•琼斯平均指数方面。在个股当中只有少数案例才有明显地体现。另外艾略特波浪理论的整个规则就是数浪，要客观地确认“怎样才算是一个浪”是很难的，同时充满非常强烈的主观性。所以艾略特波浪理论并不是很多人想象的那样适合任何期货品种的分析，如金属可以用艾略特波浪理论分析，农产品就不太适用。

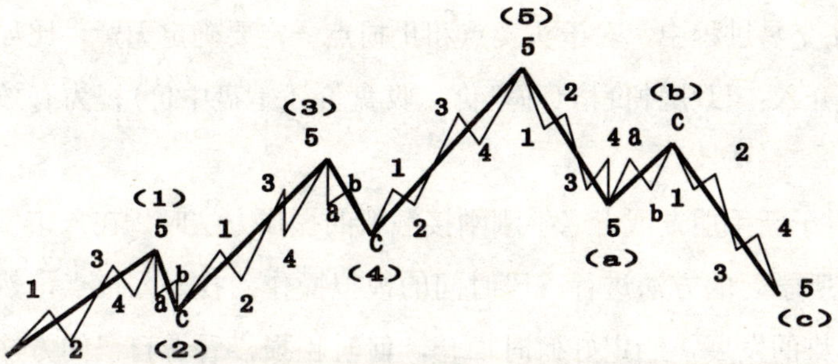

图 5－42　波浪理论图解

结构分析方法的学习是很难的，弄不好要陷入迷信的怪圈，刚开始学习交易时对结构分析可以只做了解，有了一定经验和分析能力后，再来深入研究它。

三、技术分析注意事项

(1) 操作和判断的方法并不仅仅是以上几种，也绝不是某某经典书上所列举的那些。在瞬息万变的期货市场中，交易者若想占据优势，一个很关键的环节就是要做到先知先觉。若想做到这点，唯有在掌握基本分析方法的基础上，根据自己的经验加以整合和提炼。只有自己总结出来的，才是最好用的。

(2) 虽然说技术分析方法是多年来市场经验的科学总结，但是技术分析是科学，更是艺术，它的分析结果却不是一贯正确的，所以我们任何时候都不能过分依赖它的分析结果，不能拒不认错，不能拒绝止损。

(3)每一种技术分析方法都有适合自己的特定市场环境，因此不能不分时间和场合随意滥用，否则在实战中你会很容易受伤。

(4)利用技术分析的关键是透过现象看本质，了解各个因素背后所反映出来的情绪性因素。因此在分析过程中，不仅要关注自己的情绪和行为模式，更要关注他人的情绪和行为模式，后者常常比前者更为重要。

(5)在交易过程中，对于买卖点和止损点一定要确定无疑，比如在盘中的哪个时间介入；以哪种价格(开盘价、收盘价还是盘中价)视为有效和无效的突破等。

(6)对于新手朋友或者老手刚刚接触新的操作方法时，在入市实际买卖之前，要把所学习的方法进行一段时间的模拟操作，找好入市点，然后密切跟踪价格走势的发展，制定好何时加仓，何时止损，看看自己的方法准确性有多高，也看看自己的灵活性有多强，从而在成功中总结经验，在失败中汲取教训。

(7)对于任何分析技术，无论是哪本书，也无论是哪个交易者，都没有“放之四海而皆准”的标准答案。一个技艺高超的交易者和一个技艺平庸的交易者最主要的差别就在于对市场的感觉和技术的运用。任何交易者都有可能捕捉到一个很好的交易机会，但是前者一定懂得何时抽身而退，而后者却常常是不得不退时才退出。要获得这高超的技艺，需要我们的悟性和毅力，需要我们在实战中不断地摸索总结。

(8)技术分析的价值，在于先人一步的应用。进行技术分析时，要避免成为选择性观察的牺牲品。

(9)技术分析应该以趋势的存在与持续为主，来对价格进行预测；对于各种技术分析方法应进行批判性的研究，并对它的有效性进行历史数据测试之后，方可利用。

(10)虽然说技术分析可以给我们带来利润，但是要想真正成为一名出人头地的成功交易者，必须要了解国内外政治和金融形势，必须结合基本面分析。因为当危机来临时，所有的技术分析都是失灵的。

四、技术分析的实战运用

在期货交易中，如果我们能够正确运用好技术分析，至少可以帮助我们做好三方面工作，其一可以判定市场在朝哪个方向走、在那个方向是否走得好；其二可以判定市场的状态是怎样的，消沉、稳定，抑或疯狂；其三可以对所要操作品种的入市时机和止损点位加以精确把握。

1. 趋势的判断

通过前面的学习我们知道,在技术分析中最重要的就是对趋势的把握。在实战中趋势的把握分以下三个方面。

(1)趋势方向的判断。趋势方向要通过品种的日线或周线走势图来进行判断。当我们打开任何一个品种的走势图时，我们首先要了解它的趋势发展方向是处于什么情况：上升趋势、下降趋势还是横向走势。判断方法参见图5-43至图5-45。

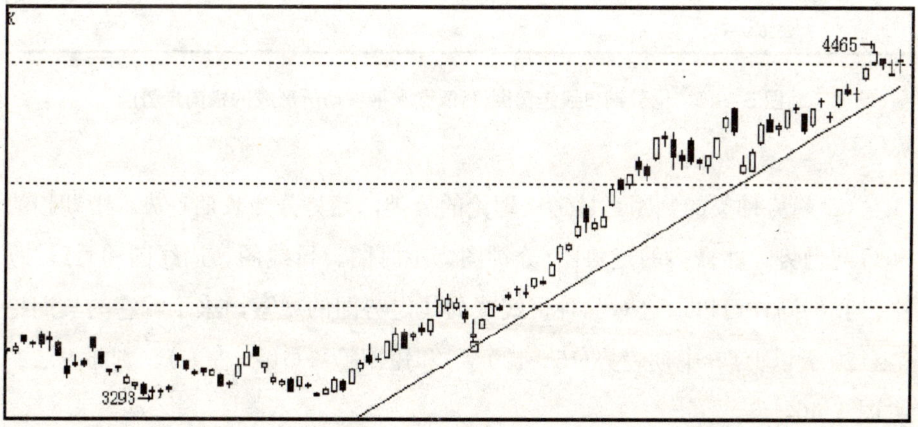

图 5－43　黄豆日线走势图(高低点不断上移所形成的上升趋势)

图 5－44　白糖日线走势图(高低点不断下移所形成的下降趋势)

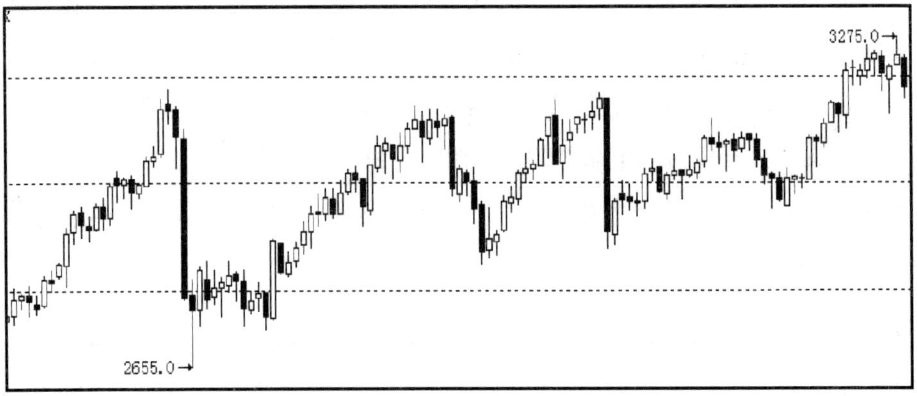

图 5－45　伦敦铜日线走势图(高低点水平移动所形成的横向走势)

(2)趋势种类的判断。按道氏理论的分类，趋势分为长期趋势、中期趋势和短期趋势。在众多的走势图(分钟图、小时图、日线图、周线图和月线图)中，我们同样可以通过对品种日线或周线走势图的观察，来了解它的长期趋势(120 天以上)、中期趋势(15～120 天)和短期趋势(10 天左右)。判断方法参见图 5-46。

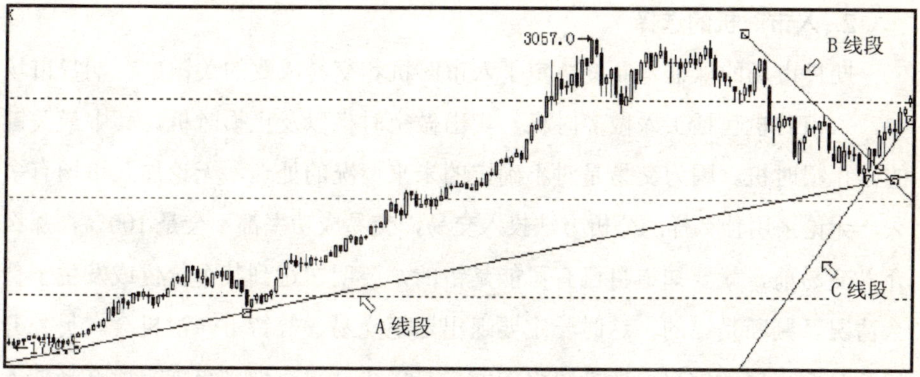

图 5-46 伦敦铜日线走势图

如图中 A 线段所示，长期趋势为上升趋势。如图中 B 线段所示，中期趋势为下降趋势。如图中 C 线段所示，短期趋势为上升趋势

(3)趋势发展时期的判断。这个判断对我们选择买卖时机至关重要，例如，如果我们是中线操作，那么我们的最初买点就要选在趋势启动初期，加仓买点则是选在趋势发展时期。具体看盘中我们通过对品种日线或周线走势图中趋势线角度的观察，可以比较准确了解它目前是处于趋势发展的哪个阶段：初期、中期还是末期(趋势发展初期，趋势线角度为 25° 左右，趋势发展中期，趋势线角度为 45° 左右，趋势线角度为 65° 以上，甚至接近 90°)。如图 5-47 所示。

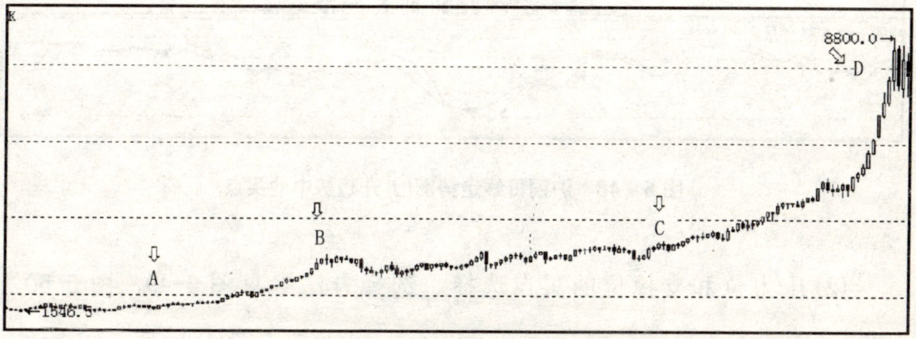

图 5-47 伦敦铜周线走势图

AB 段是突破长达一年的盘整区后形成的上升趋势初期，BC 段为上升过程中的横盘修正阶段，CD 段是上升趋势的延伸阶段，也即末期

2. 入市时机的选择

期货市场的保证金制度决定了入市时机和交易成败的关键。在期货市场中，入市时机包括买入做多时机、卖出做空时机以及止损时机，其中最关键的是止损时机。因为交易是对不确定的未来情况的处理，无论加入市场有多久，无论采用什么样的分析方法投入交易，交易成功率都不会是100%，那么介入交易前，就要知道自己有可能是错的，要明白达到某个价位或发生了什么情况，判断是错的，这时一定要退出这笔交易，等待下一次机会。另外开始交易前也要考虑自己所能容忍的亏损是多少。只有做到这样，所选择的入市时机才是有保障的。

(1)上升趋势中的买点选择。选择方法参见图5-48。

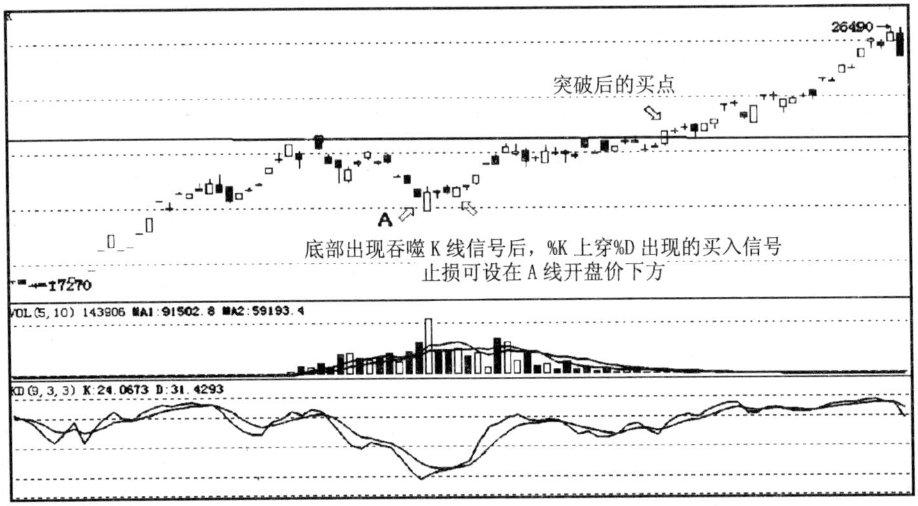

图5－48 沪铜日线走势图(上升趋势中的买点)

(2)压力位和支撑位的买点选择。选择方法参见图5-49，图5-50。

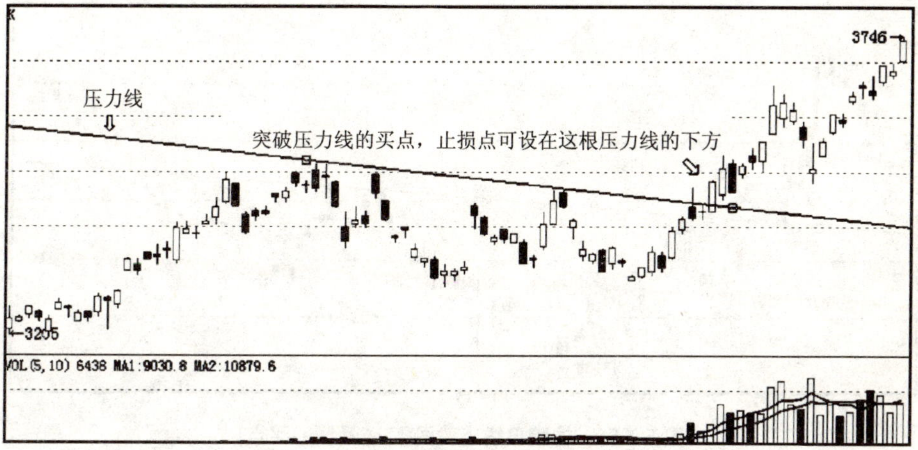

图5－49　黄豆日线走势图(突破压力位的买点)

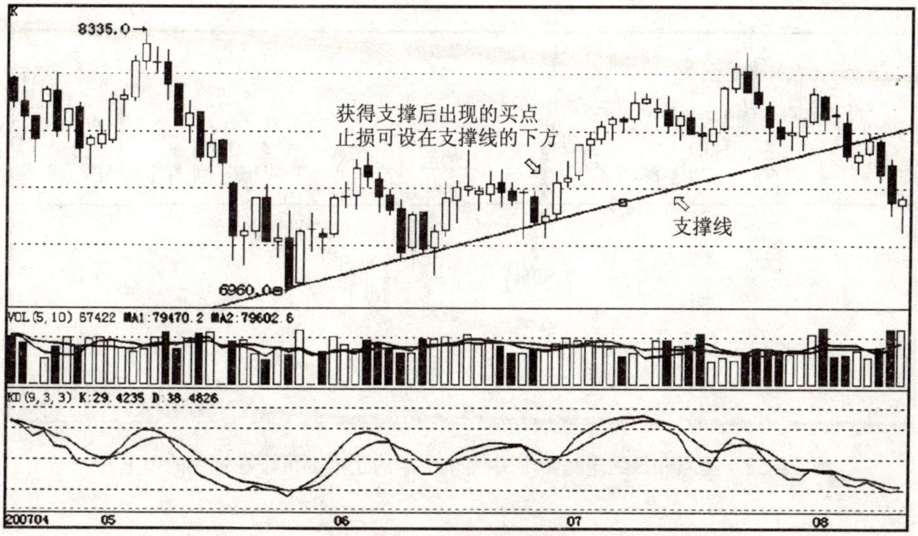

图5－50　伦敦铜日线走势图(在支撑位获得支撑的买点)

(3)头肩底形态的买点选择。选择方法参见图5-51。

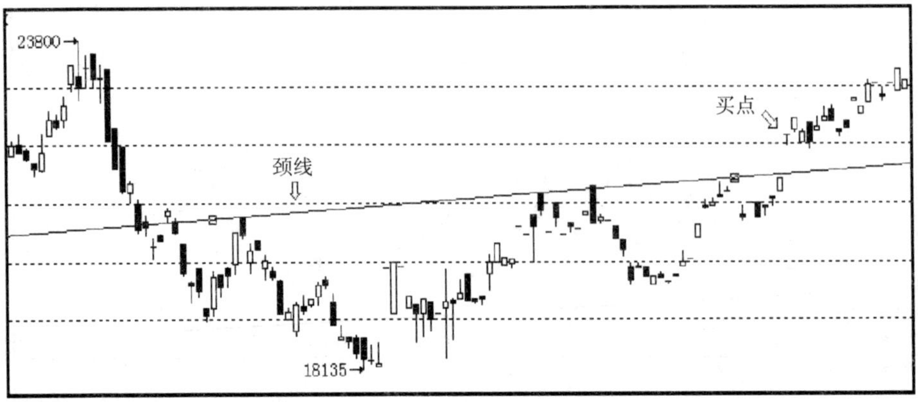

图 5-51　橡胶日线走势图(突破颈线的买点)

(4)双底形态的买点选择。选择方法参见图 5-52。

图 5-52　美原油日线走势图(图中两个买点的止损都可设在颈线的稍下方)

(5)下降趋势中的卖点选择。选择方法参见图 5-53。

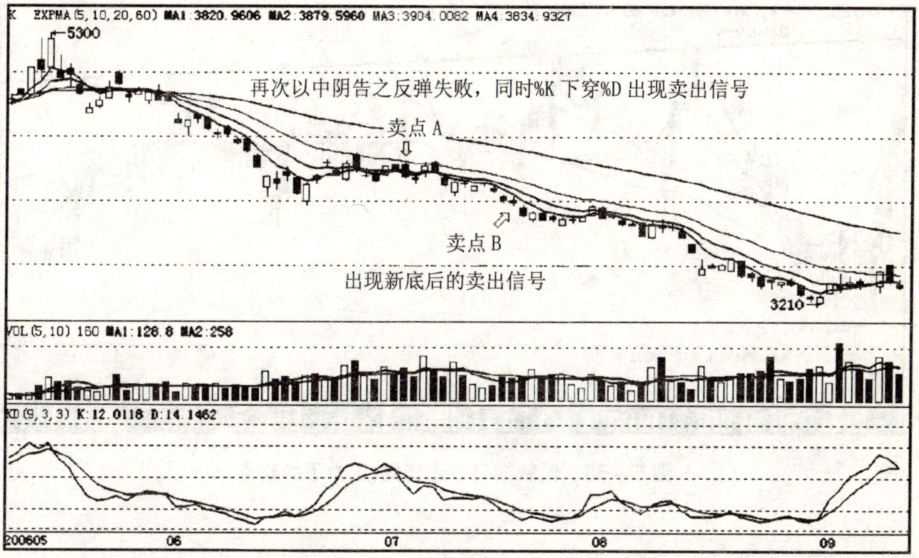

图 5－53　白糖日线走势图(下降趋势中的买点，止损可设在前面高点稍上方)

(6)阻力位和支撑位的卖点选择。选择方法参见图 5-54 和图 5-55。

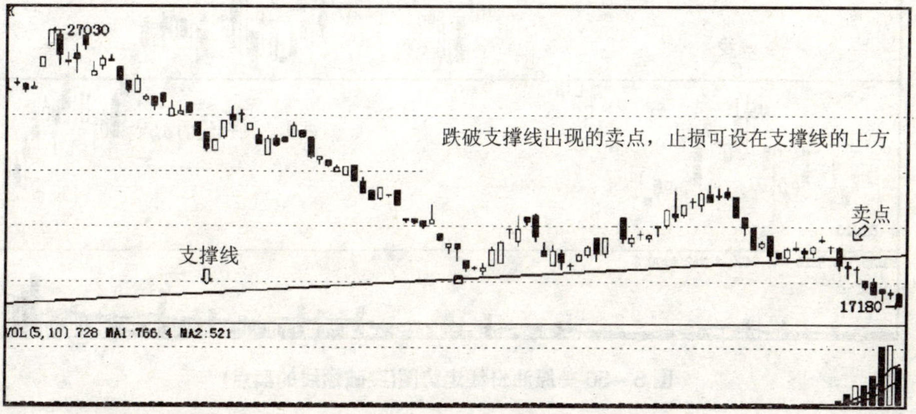

图 5－54 橡胶日线走势图(跌破支撑位的卖点)

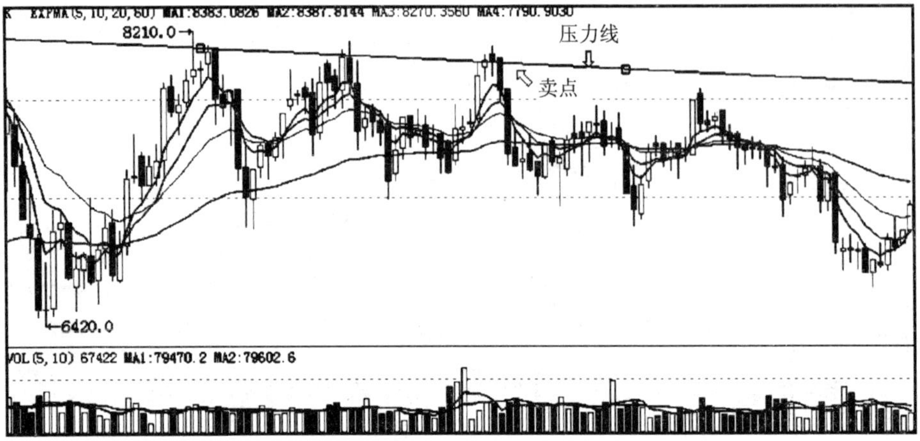

图 5-55　伦敦铜日线走势图(压力下的卖点)

(7)头肩顶形态的卖点选择。选择方法参见图 5-56。

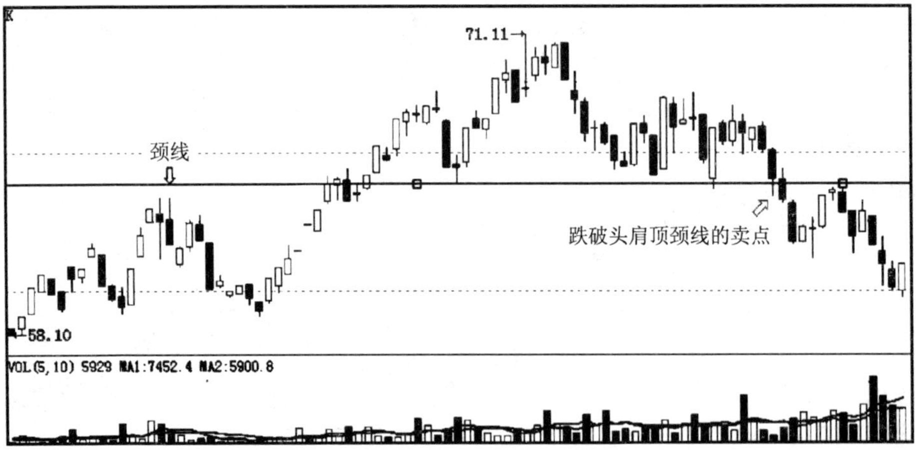

图 5-56 美原油日线走势图(突破颈线的卖点)

(8)双顶形态的卖点选择。选择方法参见图 5-57。

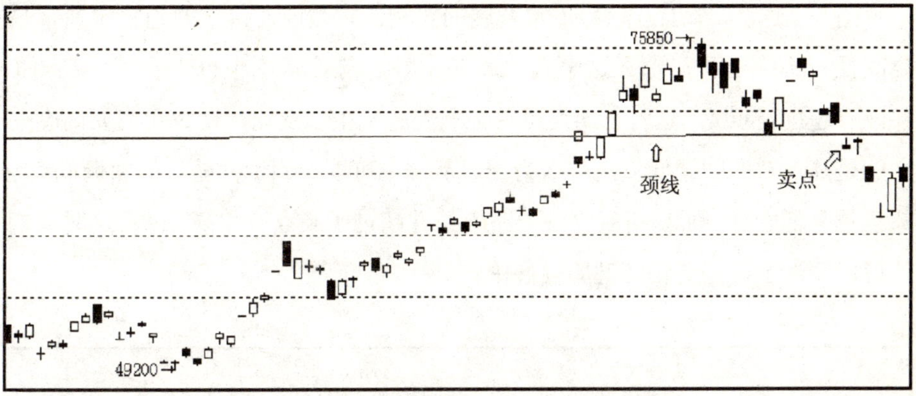

图 5－57　沪铜日线走势图(突破颈线的卖点)

3. 价格走势正常与否的判断

判断价格走势的正常与否对我们的交易十分重要。比如我们拥有一个建立在上升趋势中的多头仓位，那么只要判断上升趋势在健康发展中，那么我们的多头仓位就可以放心持有，当我们判断上升趋势发生了变化，那么我们就要加以小心，随时做好了结多头仓位的思想准备，甚至做好做空的准备。

(1)趋势正常发展与否的判断。请看图 5-58、图 5-59。

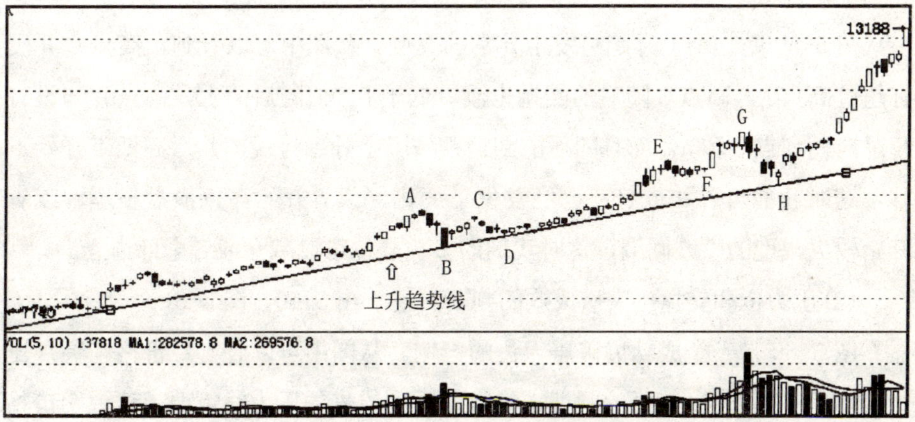

图 5－58　豆油日线走势图

图 5-58 是一个上升趋势正常发展的案例。按照前面讲过的趋势定义，只要高低点不断上移，那么这个趋势就是上升趋势。从图中可以看到，高点 C 并没有超过高点 A，这时有朋友可能怀疑趋势发生了变化，这时我们要高度关注的是高点 C 的回调低点是什么情况。从图中可以看到价格随后的回调低点 D 却也没有低于 B，而且随后价格一路上扬并超过了高点 C 和高点 A，这时我们就可以判断上升趋势仍在健康发展中。

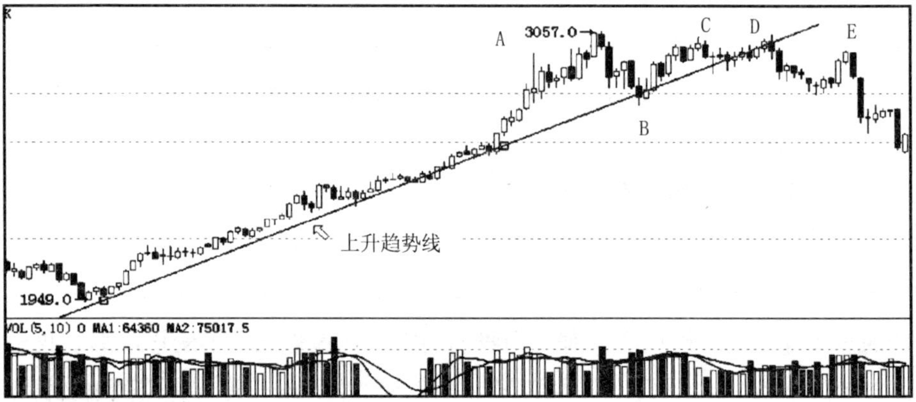

图 5-59 伦敦铜日线走势图 1

图 5-59 是一个上升趋势发生异常的案例。从图中可以看到，高点 C 并没有超过高点 A，高点 C 随后的回调也没有低于 B，但随后的上升高点 D 却没有超过前期高点 C 和 A，而且随后的回调跌破了上升趋势线，其后高低点开始下移，这时我们可以知道趋势已经发生了变化，或者开始高位横盘整理，或者开始较大幅度的下跌回调，这时我们的多头仓位可以减仓或者全部清仓。

(2)压力位和支撑位突破成败的判断。请看图 5-60、图 5-61。

图 5-60 是一个成功突破压力位的案例。从图中可以看到，价格在突破压力线后即开始上涨，随后的回调也没有跌回到原来的压力线下面，这说明价格已经成功地摆脱了压力线的压制，一波上涨随后开始。

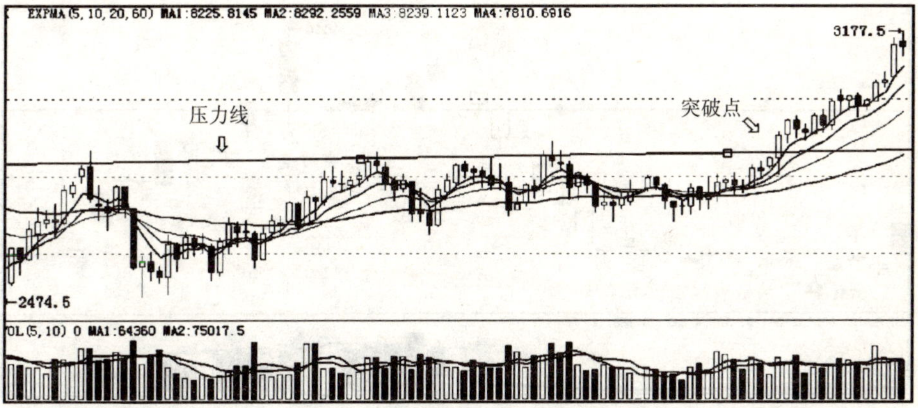

图 5-60　伦敦铜日线走势图 2

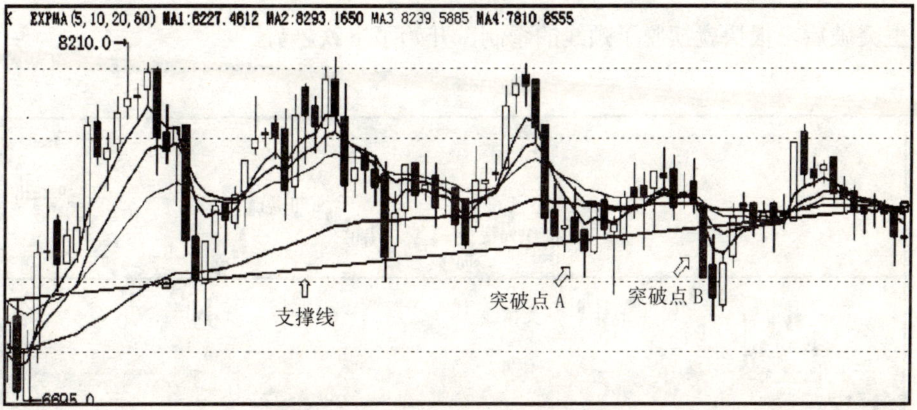

图 5-61　伦敦铜日线走势图 3

图 5-61 是一个突破支撑失败的案例。从图中可以看到，价格在 A 和 B 处都发生了向下的突破，但是价格随后很快又返回了支撑线上，这说明价格仍然受支撑线的牵制，还不能开始下跌趋势，这时我们的空头仓位一定要及时退出，等待下次机会。

(3)重要反转形态的颈线有效突破的判断。请看图 5-62。

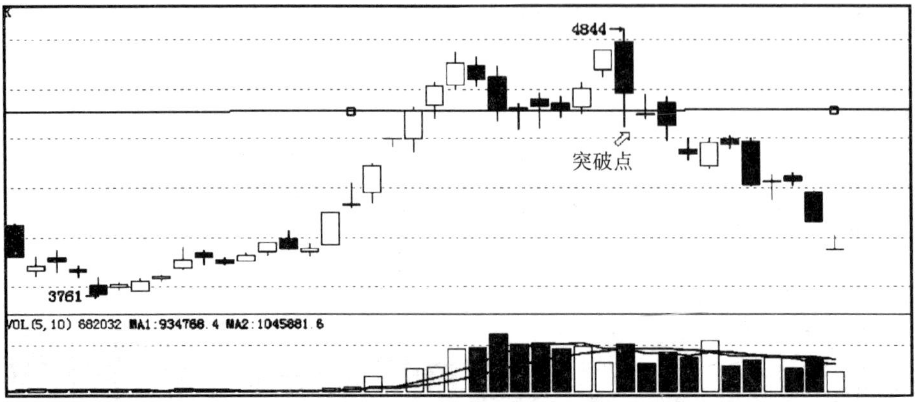

图 5-62 白糖日线走势图

图 5-62 是一个成功向下突破双顶颈线的案例。从图中可以看到，价格发生突破后，很快就摆脱了颈线的牵制，开始了下跌趋势。

图 5-63 燃料油日线走势图

图 5-63 是个双顶颈线突破失败的案例。从图中可以看到，A 点完全突破了双顶的颈线(图中的支撑线)，可是随后价格却没有向下发展，如果说 B 点算作是对 A 点突破的反弹确认，那么价格在随后的 C 点没能创出新低的情况下，竟然重新回到颈线上面，那么在 A 点建立的空头仓位，这时一定要退出

来了，甚至在C点可以反手做多。

(4)价格与均线的位置判断。请看图5-64。

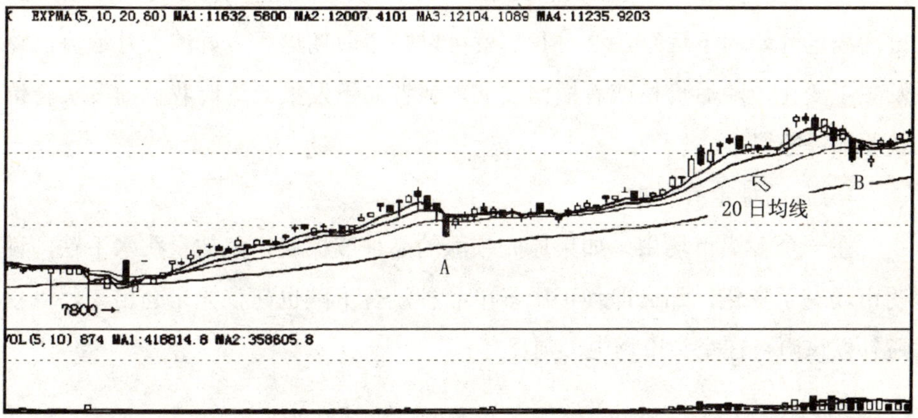

图5-64　豆油日线走势图

图5-64是一个从均线判断上升趋势正常发展的案例。从图中可以看到，价格一直在20日均线上方移动，即使在A和B两处，价格跌到了20日均线下方，但随后很快又重回到20日均线上方，因此这个上升趋势一直在健康发展中。

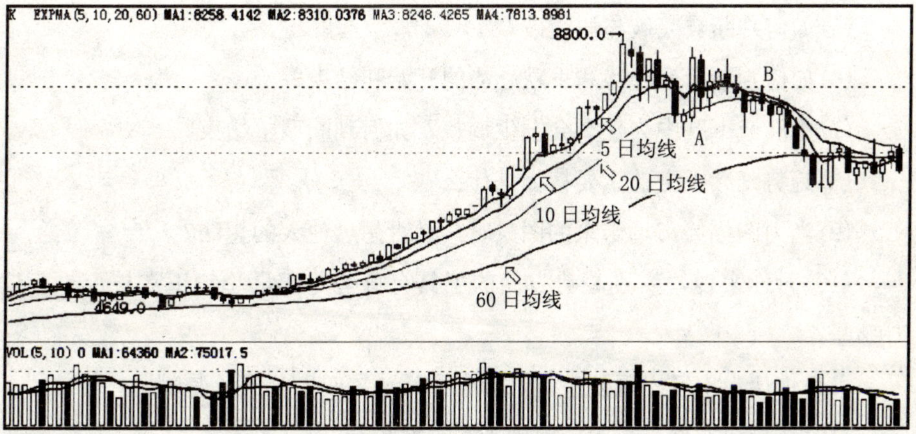

图5-65　伦敦铜日线走势图

图 5-65 是一个从均线判断上升趋势发展异常的案例。从图中可以看到，价格一直沿着 5 日、10 日、20 日均线向上运行，可是价格在 B 点跌破了 20 日均线，随后价格一直在 5 日、10 日和 20 日均线下面运行，5 日、10 日、20 日均线也开始向下运行，这时我们就可以知道前期运行良好的上升趋势已经发生了变化，随后价格或者横向发展，或者向下发展。这时我们的多头仓位就要加以警惕了。

(5)各品种走势观察。

在一个多头市场中，如果原先领涨的品种或板块出现放量跳水下跌，说明市场有了变化，那么即使手中多单品种没有下跌也建议先平仓出来，以规避补跌风险。在空头市场中，则反之。

五、技术分析应用思考

(1)为什么要采用技术分析？

(2)如何从图表中发现趋势？

(3)在趋势中交易所需要的代价是什么？如何来补偿？

(4)对于所观察的品种走势，压力和支撑在哪里？它们的强度和可靠性如何？

(5)如何判断真突破与假突破？

(6)如何判断上升趋势和下跌趋势的开始和结束？

(7)上涨或下跌中为什么会发生调整？如何判断调整结束？

(8)趋势延续下去的重要特征是什么？

(9)当力图描绘市场未来的图景时，是否想过他人的想法？

(10)对你来说，辨别趋势方向的工具有哪些？衡量趋势正常与否的工具有哪些？

(11)你认为市场出现调整前，会有异常迹象吗？如有，是哪些？

(12)在趋势发展过程中如何识别和去除噪音？

(13)如何在市场情绪化时及时获利出局?

(14)如何界定市场波动幅度?波动来自于什么因素?

(15)如何根据价格波动程度及市场形态来判断市场走势?

(16)如何把价格变化、加速度、波动以及相对力量等几个主要市场变量合成一个单一的统计指标?

(17)如何评估市场中买进与卖出的力道?如何衡量市场的动能?

(18)当前市场流行的技术分析方法是什么?在重要点位各种技术分析人士会采用的行动是什么?

(19)你是否拥有得心应手的交易方法?方法是否可以运用到所有的交易品种中?

(20)在你所知的所有交易方法中,哪些发生概率大、哪些发生概率小?

对于以上问题,不同的人有不同的答案,同时仅仅依据本书的学习也是无法回答所有的问题,大家在思考中要尽可能博览群书并根据自己的知识和经验独立思考,只有自己提炼出来的,才是正确和实用的。

六、交易依据之心理分析

在技术分析中说到,经典技术信号常常失灵,那么如何解决这问题呢?这就引出了大众心理分析。大众心理分析法是针对大众歇斯底里行为的出现及后果进行分析,是一种从“市场心理到价格”的分析思路,是识别多头或空头陷阱的重要基础。其定义是,在市场方向即将逆转或维持原方向的临界点时,通过推测市场主导势力控制者的心理价格定位,以此为基础,分析主导资金的流向从而判断未来市场走向。体现在具体做法上就是密切留意其他投资者的一言一行,当大多数都在期待同样的事情,或者进行同样的操作时,反其道而行之。

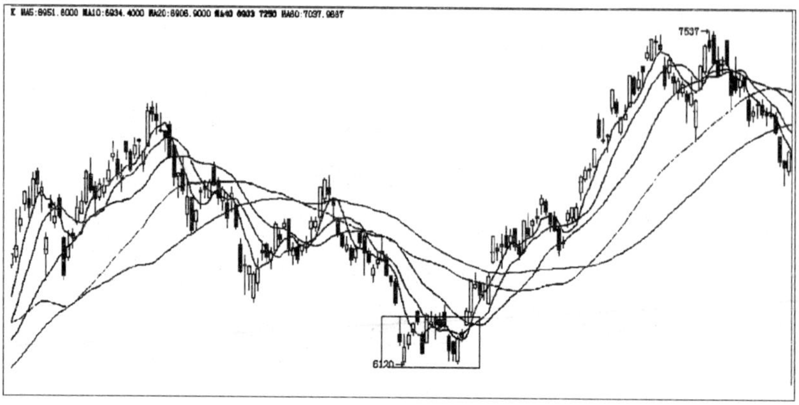

图 5-66 白糖 1201 日 K 线图

如图 5-66 所示，白糖经过近 4 个月的下跌，形成了图中矩形走势，在此区域内，绝大多数人看空后市，从技术分析上也利于空头，但是随后价格并没有向下突破，反而大幅向上，在突破矩形上档众多空头还没反应过来之际，进场做多。

在所有的分析中，大众心理分析是最难的，根据个人操作经验认为，在重要价格形态突破与假突破，以及重要利多利空消息公布时，重点运用大众心理分析，其投资效果比较理想。

第六章　策略运用与资金管理

一、交易策略种类与选择

策略是计策和谋略，是智慧含量很高的一种计划或设计，是针对目的所提出的有可行性解决方案的方法。交易策略的内容可以包括单独或具体交易的资金管理、交易机会选择、亏损与利润处理的安排和计划；还可以包含与交易行为和交易技术相关的整体关联方式、交易者行为方式以及流程处理方式等具体技术内容。但是这些内容应当具有一定体系特征，具有严肃性、完整性和一定专业水平。

(一)交易策略分类

根据交易方式可分为：套期保值交易策略、投机交易策略、套利交易策略。

根据分析方法可分为：基本面型交易策略、技术型交易策略、高频交易。基本面型交易策略主要有宏观型交易策略、行业型交易策略、事件型交易策略、价差结构型交易策略；技术型交易策略主要有顺势交易策略、逆势交易策略、程序化交易策略。

根据交易时间可分为：日内交易策略、短线交易策略、波段交易策略、中长线交易策略。

本书着重介绍顺势、逆势、日内、短线、波段、中长线交易策略。

1. 顺势交易策略和逆势交易策略

顺势交易策略的适用范围是趋势开始的时候和趋势行进过程中。运用该策略要求我们首先衡量大众的意见，在市场已经启动，但大众对信息表现谨慎和迟疑时，及时抢进，并在趋势发展过程中不断加码，从而顺应市场操作。

顺势交易策略的内在逻辑是：对于新信息，交易者并不马上做出反应，而是需要一段时间对消息进行消化。在面临需要深思熟虑的局面时，交易者可能会表现得过于谨慎，往往犹豫再三，迟迟不采取行动。交易者的个性，他们所获得的信息量、他们的处事态度以及其所属的投资者类型都将影响时滞的长短，这种现象里面蕴涵着交易机会。

逆势交易策略的适用范围是趋势结束时。该策略要求我们衡量大众意见，当他们的看法达到极端不合理的状况时，便反其道而行之。

逆势交易策略的内在逻辑是：如果群众持有某种看法，而且每个人都根据那个看法采取行动，市场上就没有资金可以继续推动价格朝原来的方向前进了。

曾有人经统计得出这样的结论：以波段式顺势操作的盈面大于75%，而单从技术分析的角度抓顶和底的概率则小于1%。所以，针对这两种策略，作为尚在摸索的我们应该像孟子说的那样："虽有智慧，不如乘势。"也即做顺势交易者！因为顺势交易相对逆势交易更易于把握，而且操作的成功率也是远高于逆势操作。日后操作经验丰富后，可选择在市场极度疯狂时获利了结。

2. 日内、短线、波段、中长线交易策略

(1)日内交易策略。

①速战速决交易模式。它是指交易者在某个时期或某个位置为了博取几点或几十点的差价、持仓时间少则几秒、多则数分钟的交易模式。对于这种模式，其交易原理是利用价格在某个因素作用下瞬间大幅移动时，快进快出赚取利润，它可以是顺势的，也可以是逆势的。比如盘中支撑位和压力位的突破与假突破、突发消息等。如图6-1所示。

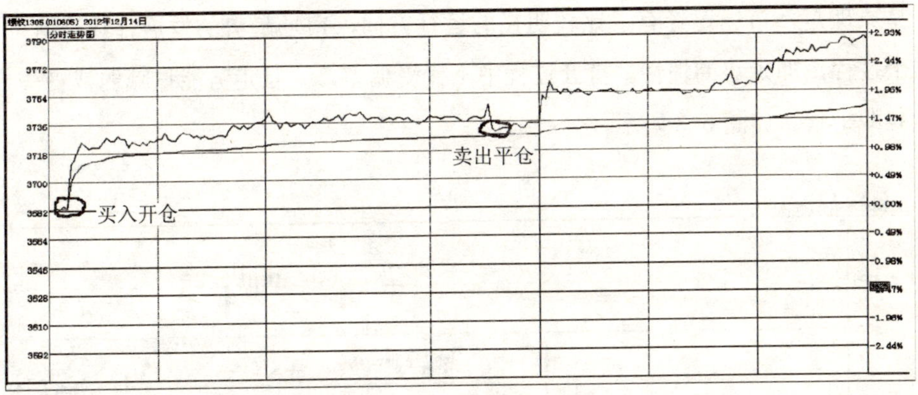

图 6-1 速战速决交易方式

②日内趋势交易模式。它是指为了赚取当日趋势利润，持仓时间在数十分钟或者几个小时并且当日平仓的交易模式。对于这种模式，其交易原理是利用价格在当日沿着明显的趋势方向运行，低买高卖或高买更高卖来博取差价。比如波段或趋势中的单边运行。如图 6-2 所示。

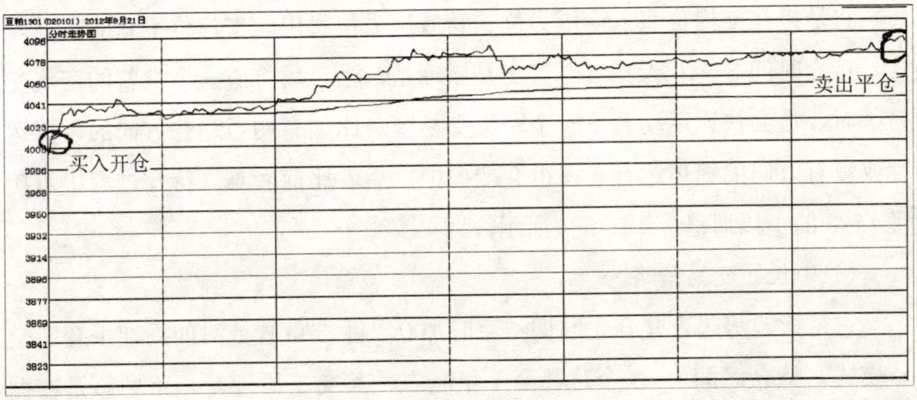

图 6-2 日内趋势交易方式

(2)短线交易策略。

它是指顺着市场的方向当日建仓，隔日或几日内平仓的交易模式。其交易原理是，市场已经有了比较明显的运行方向，市场趋势的发展往往会有一个过程，即走势的惯性。持仓过程中不接受调整，一旦走势能量减弱或丧失，立即平仓。如图 6-3 所示。

图 6-3 短线交易方式

(3)波段交易策略。

它是指在支撑位买入，压力位平仓或压力位卖出、支撑位平仓的交易模式，持仓时间 3～10 天左右。其交易原理是，当市场打破一个盘整的密集交易区时，将会快速运动到下一个密集交易区。比如有明显趋势方向的震荡运行或没有方向的箱体运行。在机会把握中，后者比前者难。持仓过程中可接受 1～3 的小幅调整。如图 6-4 所示。

(4)中长线交易策略。

它是指趋势起点建仓、回调结束时加仓、重要位置或时间周期平仓的交易模式，持仓时间 1～3 个月甚至 1 年左右。其交易原理是，市场总是在循环，当一个趋势结束后，必定引起另一个趋势的开始；而且市场运行不是简单的直线上升或下降，必定是曲折发展，以消化不利的因素。持仓过程中虽然接受调整，但要注意利润保护，以防判断失误。如图 6-5 所示。

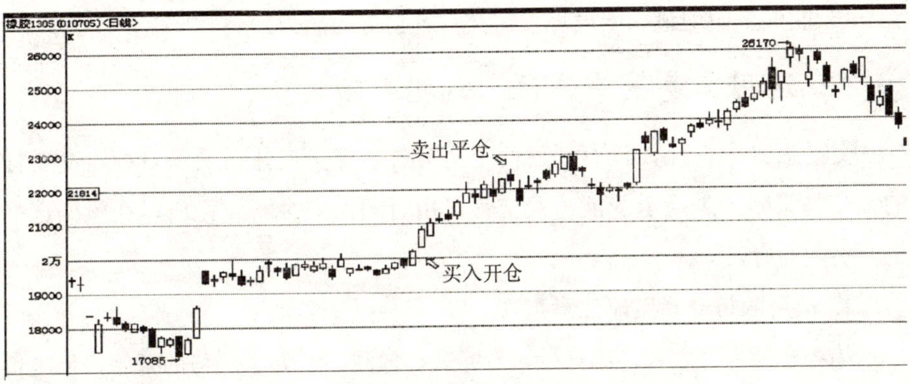

图 6–4　波段交易方式

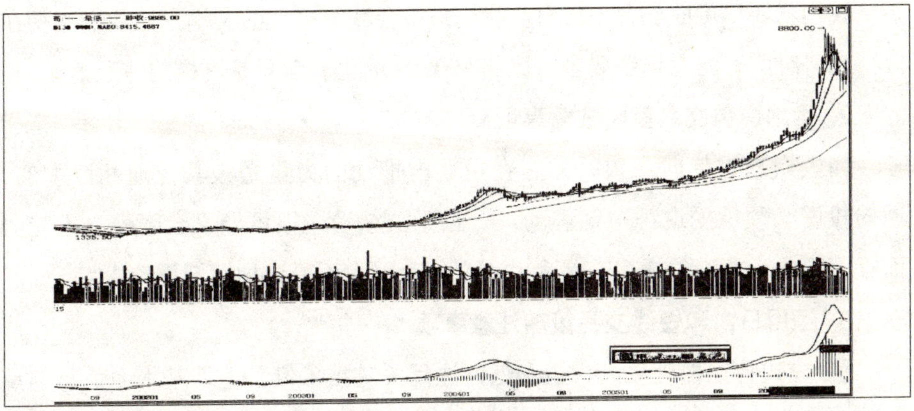

图 6–5　中长线交易方式

(二)成功的交易策略具备哪些特点

(1)它是自动的。面对市场情况，交易者不用反复思考便知道该怎么办。

(2)交易方法是和谐的，不会出现内容矛盾。

(3)制订了完整的规避风险计划。

(4)拥有预见性。在入市之前就能预见到有利或不利的情况有哪些。

(5)拥有明确的信号让交易者知道某次交易的优劣。

(6) 能够全面地最大限度地发挥交易者自身的能力。

(三)运用交易策略需注意哪些事项

交易极具个性化，没有任何两个交易者在资金安排、交易目标、交易标的、交易策略、风险承受能力及交易可用时间上完全一致，所以在策略选择上要量力而行。

1. 运用顺势交易策略注意事项

趋势交易有许多错误的开始，看起来好像我们看到了趋势的开始，但是价格并没有随之走强，因此我们要离场等待下一次机会。在趋势真的占据优势之前，我们常常会有两次小亏损，有时可能是 3 次或者 4 次。所以，趋势一旦开始，我们就要尽可能长久地持有，我们最终会获得极大的利润，比我们当初在等待趋势时所有的亏损还要多。比如 2003 年的伦敦铜就是这样的情况。

2. 运用逆势交易策略注意事项

当大众意见趋向一致时，它在短期内推动的力量是极其快速和巨大的。逆向投资必须承受这种短期震动。一旦无法承受，很可能又会随着众人趋势而行。想成为真正的逆向交易者，就必须有能力承受这种短期震动。

3. 运用日内和短线交易策略注意事项

(1) 模式特点：胜率高、盈利低，注重关键技术位、重要基本面信息的反应能力而不是分析能力。

(2) 要能够迅速评估整个市场的普遍气氛和潜在方向。

(3) 要在早上开盘 1 分钟前注意到所有的因素，并在脑海中计划不同的情景和操作方案。

(4) 短线是顺势交易，而不是买在底部卖在顶部，必须尽力使自己的操作方向与今天的市场走向保持一致，及早抓住市场心理。

(5) 随时评价市场的强弱，比如检测支撑和阻力区、均线和常用图表形态等。

(6) 要能够判断市场上的潜在动力以及潜在的买方力量和卖方力量。

(7) 要了解通常的价格波动幅度，如果今天的价格变动已经超过或接近了它通常的变动幅度，则立即收取利润。

(8)短线模式不要试图找顶卖空或摸底买入。

(9)在现实和预计不同时缩小交易规模或停止交易。

(10)日内交易时只做一个品种。

(11)特殊情况，比如重要点位的假突破外，每天交易只做一个方向。

(12)根据自身能力和市场状况合理运用资金，并严格设置和执行止损。

(13)每次的获利了结是主动从容而不是被迫的。

(14)观察1分钟、5分钟K线图以及分时图走势。

4. 运用波段交易策略注意事项

(1)模式特点：胜率较低，盈利较高。

(2)要能够判断支撑位和压力位的支撑和压力程度。

(3)要有在支撑位和压力位迅速建仓的勇气。

(4)要敢于牺牲利润以及敢于冒判断失误的风险，接受小幅调整。

(5)要根据自身经验、能力和市场状况合理运用资金，并严格设置和执行止损。

(6)要懂得如何保护利润，即设置止盈。

5. 运用中长线交易策略注意事项

(1)模式特点：胜率低、盈利高。

(2)资金实力要强，能够接受接连判断失误的亏损后，仍有实力和勇气介入。

(3)要敢于牺牲利润以及敢于冒判断失误的风险，接受调整。

(4)认真分析，坚持己见，不被各种言论左右。

(5)要根据价格运行过程，通过加仓实现利润最大化，而不是一次性重仓或满仓。

(6)严格设置和执行止损。

(7)要懂得如何保护利润，即设置止盈。

(8)当发现走势性质已经发生改变时，要迅速结清所有头寸。

(四)策略选择技巧

一直以来，交易者尤其是新手交易者在交易中，或者根本没有考虑过该用何种交易策略，或者是不知道该用哪种交易策略，或者以一种策略应对所有的交易机会，由于其交易思路非常模糊，因此交易结果也就不甚理想。那么应该如何选择交易策略呢？

1. 根据个人条件和能力选择

(1)兼职做交易的交易者，不要做日内交易，可选择短线(尽可能地累积和丰富交易经验)或中线。

(2)经验不足的交易者，可在日内或短线上少做多看多总结，用模拟单来验证和累积判断上的经验，用实战单来累积操作上的经验和培养操作技巧。

(3)分析能力强、操作经验丰富、资金实力雄厚的交易者可选择中长线交易，并同时利用盘中短线或日内扩大资金利用率。

(4)风险承受能力弱的交易者不宜选择波段策略，更不宜选择中长线交易策略，可选择日内或短线交易策略。

2. 根据市场运行状态和运行时间选择

四种操作策略虽然操作周期和原理不一样，但在操作中仍然是单向强势趋势或震荡运行中成功率最高。所以，无论任何交易都要尽可能顺势而为，适应市场。

(1)市场在箱体运行中，建议选择日内或超级短线。

(2)市场在震荡上行中，在支撑位选择波段交易模式；在运行中根据最近几日强度可选择日内或短线模式。

(3)重要反转形态形成时或长期盘整结束时，选择中长线交易模式；在运行中根据最近几日走势的强度可选择日内或短线模式。

(4)节假日即将来临时，建议选择日内或短线交易模式。

(5)即将面临重要阻力位和支撑位时，建议选择日内或短线交易模式。

(6)临近重要商品和经济数据公布日时，建议选择日内或短线交易模式。

(7)重大事件发生时，建议选择日内或短线交易模式。

(8)价格走势加速运行时，建议选择日内或短线交易模式。

(五)趋势交易大师斯坦利·克罗之交易策略精髓

(1)只参与那些行情趋势强烈或者说行情主要走势正在形成的市场。认清每一个市场当前的主要走势并只持有符合这一主要走势方向的头寸，或者暂时不参与。

(2)假定你所交易的方向与行情趋势一致，在以前或从属的趋势已产生的较大差价基础上建立你的头寸，或者把头寸建立在对当前行情主趋势的适度逆行位置上。

(3)你追市头寸可以形成很有利的变动，因此你应当坚持持有该类头寸。由于存在着追市头寸的有利变动这一前提，你应当忍受任何微小的趋势变动，不要轻易对该变动进行频繁交易，或者试图从反趋势交易中迅速获利。

(4)一旦所持有头寸的变动方向对你有力，而且你的技术分析也对这一有利的趋势变动加以证实了，你就可以在某些特定条件下增加所持有的头寸。

(5)除非趋势分析表明行市已反转，否则应当保存头寸。在那一时点上，如果你对行市十分注意，你应针对最新形成的趋势对原持有头寸进行对冲。然而，如果你对冲了头寸，而其后的市场行为表明主趋势仍然存在，而你的对冲行为过早了，此时你完全应该重新建立符合主趋势的头寸。但是，这样做时务必要认真而客观。

(6)你要有一个方法知道什么情况下自己的头寸持有是错误的。

二、发现和利用热点获利

(一)热点的特征

所谓热点，就是当前市场最关注的品种或板块。如 2009 年，螺纹钢在基本面通胀预期、保障性住房建设、铁矿石价格上涨和技术面箱体突破、成交量持仓量大幅放大的带动下，2009 年 7 月 22 日至 8 月 4 日短短 10 个交易日内，螺纹钢 0910 从 4044 上涨到 4982，涨幅为 23%，成为当时的明星，而同时期的铜 0911 仅仅从 42830 涨到 48750，只涨了 14%，如图 6-6 所示。

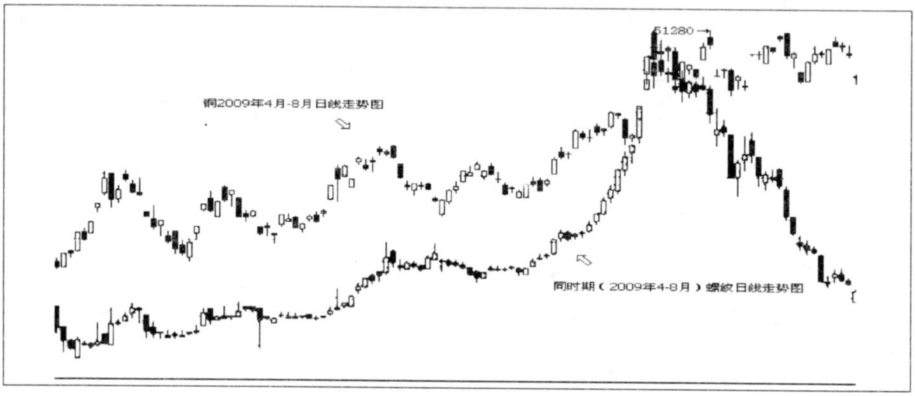

图 6-6　螺纹钢和铜日线叠加图

热点特征：

(1)方向性强。价格运行具有明显的方向性和连续性。

(2)波动巨大。价格上涨或下跌的幅度很大，使得交易者或者暴富或者暴亏。

(3)参与度高。投资者参与热情高，反应在成交量和持仓量上，远高于市场平均值。

(4)成交迅速。几乎所有的时间成交都很迅速，不缺少对手盘。

(5)吸引眼球。几乎所有媒体谈的都是此品种或板块。

(二)热点形成条件

(1)天时。基本面信息，比如行业信息、自然因素等，能够刺激价格的上涨或下跌。

(2)地利。技术图形有利于价格的上涨或下跌。

(3)人和。拥有人气，流动性好。在螺纹钢案例中，当年螺纹钢的背景是，很多人是因为螺纹钢上市来开户做的交易，曾有人预言螺纹钢期货将取代铜老大的位置，所以价格一旦动起来，人气会迅速集聚，也即有大量资金流入该品种或板块，其表现就是成交量和持仓量迅速放大。

(三)利用热点获利注意事项

(1)热点不是经常有的，它不具备可预测性，不适合提前埋单。

(2)热点持续时间比较短暂，一般在一个星期左右，当所有人都认定这是个机会时，基本上就要结束了。

(3)热点机会一般是短线或波段机会，要快进快出。

三、资金管理与风险控制

(一)资金管理

资金管理是指资金的配置问题，即谋求在不同的市场、不同的价格区段(涨势、跌势或盘整的某个价格区段)能够更好地计划、利用、控制资金，达到规避风险、获取利益的目的。它包括投资组合的设计、多样化的安排、在各个市场上应分配多少资金去投资、止损点的设计、报偿与风险比的权衡、在经历了成功或挫折之后采取何种措施，以及选择保守稳健的交易方式还是积极大胆的方式等方面。目前常用的资金管理方法有：

(1)满仓交易法。这是斗士的做法，新手和老手都有采用。他们或者因为挣钱心切；或者强烈的自信，认为捕捉到了行情，于是毫不犹豫地满仓吃进或抛出。采取这个手法的交易者忽视了市场的本质——不确定性，采用这样手法交易的人，迟早要被市场消灭。也许有的人天真地认为只要大捞一把就永久退出市场，人的本性告诉我们这是不可能的，贪婪一定会留住你，直到你被撞得头破血流。

(2)亏损加仓交易法。这类交易者的做法是，在自认为期货价格即将上涨，但又觉得把握不大时，首先试探性地根据资金比例小量买进，如果价格没有上涨而是下跌时，他们不仅没有止损退出交易，反而继续买入。如果做空，则反行之。这样的做法属于固执己见、不知悔改，很容易发生暴仓，多发生于新交易者或过于自信的老交易者。

(3)盈利加仓交易法。假定认为价格即将上涨，先以少量资金买进，一旦判断准确出现盈利，就加仓再次买入。反之做空也是一样的道理。如果是顺势交易，加码能够加在趋势回调的结束位置上，这种方法是比较好的资金运用方法。因为如果判断正确，可以保证前面的头寸带来收益，同时又避免了全部头寸投入所引起的巨大风险。

(4)炒单交易法。大仓位快进快出，抓取每天价格波动里的波纹式的极小差价，以量求胜的交易手法。如果交易者高胜率的盈利模式，没有严格的纪律，依靠这样的方法将很难赚钱。

(5)死扛交易法。不管做多做空，不管所做的交易订单盈利还是被套，总是死死地持有自己的交易头寸，直到自己认为该出仓或不得不出仓时才有所行动。这类投资者的理论根据是，被套时，认为价格有一涨就必有一跌，有一跌就必有一涨，价格总有回来的时候。盈利时，认为趋势不可能在短时间内结束，要让利润充分增长。这种交易属于没有风险控制的交易，因为期货的保证金制度，如果判断错误，这样的死扛不退出将很容易暴仓。

(6)双向对开仓交易法(俗称锁仓交易法)。即在同一月份、同一价位(相对而言)，双向同时对等交易额建仓。如果价格上涨，有两种做法。一是直到确认价格已到顶部，平掉多单，持有空单。一是多单一旦盈利，持有盈利的交易头寸，平去亏损头寸。价格如果下跌，反之。这种锁仓交易法害处很多，其中最大的害处就是麻痹了很多交易者对风险的控制，总认为不放止损没有问题，大不了亏了我就锁单。久而久之，止损菜单也就成为了一个摆设。另外锁仓“易结不易解”，特别是亏损锁仓。由于锁仓的操作将严重影响交易心态，同时进行双向持仓操作多少都会有一些心理压力。因此，投资者在开锁时会有一定的心理负担，难免瞻前顾后，无所适从，往往错失解仓良机，所以新手朋友尽量不要使用这种交易方法。

(7)概率交易法。第一次交易失败，以自己制定的少量的亏损限额平仓出局；第二次交易失败，仍以自己制定的少量的亏损限额平仓出局；第三次、也许是第四次应当获利。这种方法一般应用于趋势开始的识别开仓，虽然成功率不是很高，但是如果判断正确，随后的巨额利润将抵消以前的多次亏损。

(8)套利交易法。或是不同市场的同一品种，或是同一市场同一品种的不同月份，根据它们之间的价差、多空等资金额进行交易，套取利润。这种方法要求对现货有深刻全面地了解。

以上方法有利有弊，为更好运用资金管理，笔者总结如下法则：

(1)资金管理要选势。何谓势，就是对自己有利的态势。一般来说，期货市场的势包含三个方面的内容：一是交易者自身的势力，比如资金实力和经验技巧对当前交易是否妥当，如果资金仅仅有5万元，又没有天然橡胶的交易经验，那么即使判断橡胶出现了机会，也不要去出击；二是有利的交易环境，任何一个好的交易机会，都具备天时、地利、人和，也就是说基本面、技术面、心理面分析都指向同一个交易方向和交易时节；三是交易者自身的素质，包括分析能力、操作技巧、心理状态、自律约束、承受能力等。这三个方面的运用将关系到交易者是否占据了有利的形势，关系到能否掌握交易的主动权。

(2)资金管理要谋略。每笔资金投入前，在参与条件和仓位安排方面要进行充分的斟酌。首先，根据自身的经验和判断对交易机会(日内、短线、波段还是中长线交易)进行定性和归类。第二，根据分析结果，评估此次交易机会的风险报酬比，每次交易开始前的风险收益比率的比例应定为1∶3。第三，根据自身能力和交易策略进行资金规划和配置。第四，要预设好止损和止盈，处于盈利状态时，可以依据原来的操作计划，逐渐地分期分批或一次性获利了结；处于亏损状态中，并确认判断错误时，要一次性果断清仓离场，万万不可死扛。

(3)资金管理要科学。对于日内、短线交易机会，经验丰富的成熟交易者，资金配置可以略高一些，一次开仓，仓位约30%，中途不建议加仓；经验不足的新手要采取少量资金配置，或者只做一手；对于波段要采取轻仓参与，约20%仓位，中途不建议加仓，但可日内策略同向参与；对于中长线交易资金配置要采取小量试探性参与，约10%仓位，中途选择回调结束点金字塔或等额加仓。如果参与多个品种，累计投入资金必须限制在总资本的50%以内。

(4)资金管理要冷静。为保持资金的流动性，防止资金周转不灵而错过更好的投资机会，防止意外事故发生带来的损害，无论机会看起来多么好，都不要在一类市场中投入60%以上的资金，更不可以满仓操作；对于亏损头寸也不可加仓，短线盈利头寸也不要加仓。交易过程中，要不断测算和修正风险收益比率，如果风险收益比在降低，甚至接近1∶1的风险收益比时，要坚决退出。

(5)资金管理要灵活。在期货交易中，市场假象很多，政策制定、资金流动、价格走势等等都体现了虚虚实实，常常无法让我们很好地了解真实意图，因此每次投入资金交易时，一定提防陷阱，如果信号是真实的，那么策略就运用下去；如果信号是假的，那么就根据新的信号反向出击；如果无法判断，就选择观望，切不可锁仓交易。

(二)风险控制

期货交易充满了不确定性，无论拥有多少知识和经验，无论心中多么肯定，总还是有意外发生、有风险伴随。因此，每次交易考虑愿意承担多少风险的同时，还要考虑能够承担多少风险，同时对风险的管理和控制不仅要贯穿于整个交易过程中，更重要的是在每次交易之前就对风险进行评估和防范。

1. 事前控制——仓位控制和预设止损、止盈

(1)仓位控制。

对于新手朋友来说，由于专业知识和交易经验处于劣势中，那么每次交易最好只动用10%的资金交易，这样的好处是可以用最小的学习成本去验证你

的交易方法，去累积交易经验。对于老手朋友来说，虽然在专业知识和交易经验处于优势中，但是，单子也要控制在合理范围内，一定要给自己留有余地。如果是做多，那么留有的保证金起码能够应付你拥有品种的三个跌停板。

(2)预设止损、止盈。

拥有多年交易经验的朋友都会知道，在所有的交易环节中，止损、止盈的建立和执行是最难的！一方面它需要我们具备坚实的分析理论基础和丰富的临场交易经验；另一方面需要我们具备高超的交易技巧；再一方面需要我们具备良好的心理素质。这三方面的能力对于每个交易者来说，没有数年的学习，没有数千次的实盘交易经历，没有坚定的执行力，是无法具备的。在实际操作中，我们常常看到，有的朋友以资金损失额度设立止损；有的以时间作为止损。其实这样的做法是片面的，止损绝不仅仅是以亏损是否出现为前提，而是以如果做错自己能够承受多大风险以及纠正判断错误为前提的。前者理解比较容易，对于后者是指如果市场没有出现你预期的走势，或者你当初的判断依据已不存在，此时不管是盈利还是亏损，你都要先退出来。例如某品种从一长期盘整形态中突破，你买入做多，涨了几天后，价格又跌了下来，几乎跌到你的成本区，那么这个时候你虽然仍有盈利，但还是退出为好。因为一波涨势果真开始，它是不会跌回到起涨点的。

现在很多期货公司开设了自动止损、止盈单功能，这个功能给很多朋友带去安慰和希望，他们以为这个功能可以免去何时卖出的痛苦。可是不要忘记，这样的做法对新手来说是有害的，它会慢慢剥夺你的灵活性，所以有专家建议我们：最好学着自己做决定，而不要依靠任何自动化的止损系统。要靠自己的能力去做出艰难的决定，并将其贯彻到底。终有一天，你会发现，通过不断地实践，你会变得坚强起来。

2. 事中控制——执行止损和止盈

何时执行止损或止盈，美国期货专家托马斯•A•海尔奈莫斯在《期货交易经济学》一书中总结得非常全面，在这里我摘录下来，作为这个问题的答案。

(1)当时间耗尽时：价格预期中要有一个时间界线，如果价格到那时仍无法改变的话，那根本就不会再改变了。如季节结束、合约到期或者缺少任何其他东西，都要平掉仓位，结束交易。

⑵当最初的预期已经实现以及对预期的评估表明没有理由改变预期时，有时事情的确是按照计划运行的。

⑶当对预期的评价和调整表明潜在盈亏比率达到不可以接受的水平时。

⑷当剩余资金过量减少时。头寸的亏损有时变得很大，以致出现账户资金不成比例地大大减少时，这时，不论预期结果如何，交易计划都要求对部分或全部头寸进行平仓。

⑸当更有吸引力的交易出现时。

3. 事后控制——总结经验、吸取教训

每笔交易结束后，交易结果无论是盈利还是亏损，我们都必须将整个过程进行整理和分析。问问自己：盈利的交易是否可以做得更好？亏损的交易是什么原因？本次交易心理如何？如此坚持下去，终有一天当你认识到交易的成败并不在于是亏损还是盈利，而是在于是否控制住了风险；当你通过持有盈利的仓位，并不断加仓获得了利润，战胜了市场也战胜了自己的时候，那么，你就该知道自己已经步入了成熟交易者的行列！

第七章　交易技能与技巧培养

期货市场是买家和卖家因为某种原因聚集在一起交换货物、进行交易的地方。在这个斗智斗勇的高级游戏中，要获得胜利不但需要正确的行情分析，更需要高超的交易技巧。然而,交易界里同时具备分析能力与交易技巧的人并不多见，因此这项学习既是挑战更是机遇。

一、期货交易水平的五个层次

1. 无所畏惧之初级层次

行为表现：胆子大、对别人或某种方法盲目相信和极度崇拜。

交易经历：刚进入市场，或者交易几个月甚至更久。

交易理由：各种评论、基本面信息、显而易见的技术分析方法，如指标、均线，以及所谓高手的建议。

交易方式：没有定式，挣钱时快跑，赔钱时死守。

交易结果：严重亏损或者被市场早早消灭掉。

2. 虚怀若谷之入门层次

行为表现：终于了解交易赚钱需要知识、技巧和经验，于是进行着各种努力和尝试。

交易经历：半年左右，这期间或者账户是亏损的，或者经历了大亏。

交易理由：听来或看来的各种流行分析方法，其理解基本是一知半解。

交易方式：波段或趋势模式为主。

交易结果：屡屡碰壁，少赚多赔。

3. 无所适从之中级层次

行为表现：感觉学习很难，赚钱更难，没有了希望，常常想放弃。

交易经历：一年左右，知道要顺势交易，也懂得要止损。

交易理由：依据交易系统信号。

交易方式：日内、短线、波段、趋势等模式均有尝试。

交易结果：不能稳定获利。

4. 轻车熟路之高级层次

行为表现：随行就市，无意识交易。

交易经历：数年以上。

交易理由：合理的风险报酬比。

交易方式：日内、短线、波段、趋势等模式根据市场形势，有选择性参与。

交易结果：完全能够稳定获利。

5. 强力出击之大师级层次

行为表现：注重经济环境，预测经济走势。

交易经历：数十年以上。

交易理由：循环是世界的根本，题材是永恒的话题。

交易方式：长线或短线。

交易结果：赚得盆满钵满。

（注：由于我国期货市场建立尚不足 20 年，因此还没出现大师级人物）

二、实现稳定获利所需的技能

由于期货的保证金制度，很多交易者的获利充满了偶然性和片面性，为避免误导，国内外专业人士从四个方面界定稳定获利：

一是资金账户曲线在一年当中能够保持稳定上升状态，其中亏损月份不能超过 2～3 个月。

二是资金账户曲线从任何一个高点下降不能超过 30%。

三是交易次数要有 100 次交易才能有统计学上的意义。

四是在交易过程中，拥有原则、观点明确，无论是盈利还是亏损，心态都能保持稳定平和，并从中感到充实和快乐。如图 7-1 所示。

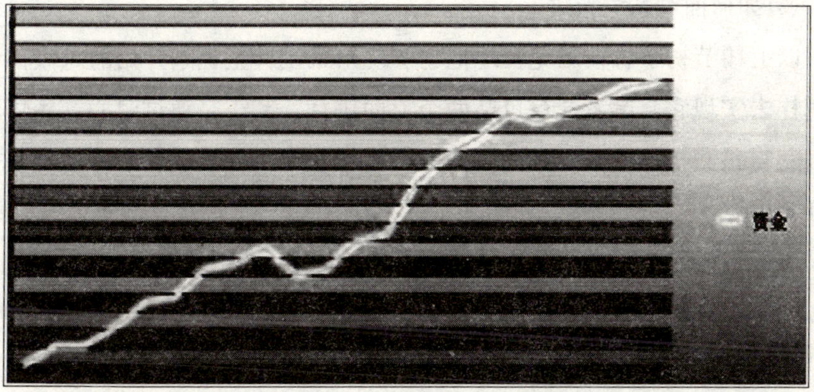

图 7-1　资金曲线

要想达到稳定获利，需要具备预测和行为两个技能。

(一)预测技能

(1)交易品种的选择。

(2)运用何种分析方法确定入市交易时机。

(3)将采取何种交易策略。

(4)入市的具体价位是什么。

(5)入市后如何判断走势正常与否。

(6)出现什么样的情况止损或止盈出局。

(7)是否加仓。

(8)加仓的条件。

(二)行为技能

(1)怎样实现这笔交易。

(2)投入多少资金。

(3)对不可预料事件的防范措施。

(4)错误行为的处理。

(5)如何面对系统无效。

以上环节初学者很难完善地把它实现出来，甚至说刚开始的时候都不知道怎样去实现它。笔者建议可从两个方面进行，其一是通过耐心、领悟和勤奋来获得预测技能，其二是通过研究行为学和对事件及现存条件的反应来获得行为技能。

三、技能培养及心理训练要领

技能培养途径有两种：实盘操作和心理练习。实盘操作是指通过实盘交易的练习。心理练习是指仅在头脑内反复思考动作技能的进行过程的练习形式。心理练习不受时间、地点、器械的限制，而身体几乎不会产生疲劳。虽然两种方法都有利于培养技能，但是根据专家的测试结果显示，用于实际操作的效果远高于心理练习的效果。所以在任何可能的时候，学习时要尽量选择实盘操作而不是心理练习，也即用最小量去实盘交易，在实盘中对自己的执行能力和自己的优点、弱点进行最严格的检验和修正。但在没有条件进行身体练习的情况下，心理练习也是促进学习的有效方法，如通过冥想，在交易前尽可能把所有环节中自己的处理方式想象出来，不过这个过程要细致，不能有纰漏。

(一)预测技能培养要领

1. 了解对手

在期货市场中，参与者有公募基金、保险资金、私募基金、证券自营、个人投资者等；参与方式有套期保值、套利和投机。对于公募基金、保险资金、证券自营主要是以套期保值方式参与市场，对于千万以上资金的私募和个人投资者是三种方式均有参与，对于千万以下资金的投资者主要是以投机方式参与。更多细节了解可关注证监会和交易所最新制度公布以及权威媒体市场总结。

2. 选择交易标的

交易品种选择，要根据资金实力、行情性质来决定。如果只有5万元，则在农产品或化工品种中选择；如果是顺势交易者，则在趋势明显或长期处于盘整的品种中选择；如果行情是由宏观基本面变化引发的，则在有色金属和化工能源板块中选择；如果行情是由天气因素引发的，则在农产品及橡胶中选择。

3. 机会识别

在很多新手眼里，期货市场机会是时时都有的，其实不是这样，即使日内机会也不是每天都有。市场上是否有操作机会，存在什么样的机会，这需要认真细致的分析。

需要研究市场趋势、研究宏观基本面的供需因素、经济波动周期因素、金融货币因素、政策因素、自然因素、技术图表形态、投机和心理因素等，而要收集、分析和判断这些因素，知识的积累是必备的基础，所以这个训练也是知识功底的测试，因此机会的选择也一定是要建立在以上某些或全部因素的分析上。

4. 价格预测

价格预测不仅仅是预期未来市场的趋势方向，还要预期运行时间和运行目标，在交易中，这是非常关键的一个步骤，我们要根据这个预测来确定交易策略是日内、短线还是波段或中期交易，因为策略不同，交易原理也不同。而很多交易者恰恰就是在这个环节出了问题，每次交易根本没有章法，从来没想过也不知如何去想该用什么样的策略去实现这笔交易。因此，在这个训练上就是锻炼对趋势性质进行准确分析。但要注意的是，不要求绝对的答案，也不能过于相信自己的判断，尤其在价格方向的运行时间和运行目标上，保持一个大致的范围即可。

5. 时机抉择

时机抉择也就是确定具体的入市和出市点，有的人常常把这个环节当做交易的第一个步骤，常常是先入市再分析，这是严重错误的。正如《期货市场技术分析》所说，正确的决策应该是先分析市场，而后选择出入市时机。在期货交易中，时机抉择也是极为关键的，因为期货市场的保证金制度，期货交易所要求的保证金非常少，如果把入市时机选择错了，价格朝不利的方向发展，哪怕变化得不大，交易者也有可能损失大部分或全部保证金，从而被扫地出门。就其本质来看，时机抉择问题几乎完全是技术性的，即使交易者是基础分析型的，在确定具体的入市、出市点这一时刻，他仍然必须借助于技术工具，比如价格形态、变化动能、技术指标等。

6. 资金管理

一个完整的资金管理应该包含 6 个方面：这个机会是否入场参与、分配多大仓位去交易、什么情况下资金退出来、所投资金是全部还是部分退出这笔交易、什么情况下加仓、什么时候交易结束获利了结等。

7. 坚持复盘

(1)每日收盘后的复盘训练。复盘就是利用静态再看一遍市场全貌。由于白天动态盯盘来不及全面观察和深入思考，也来不及总结，所以在收盘后我们必须对市场的各个环节进行一次梳理、进行一次全面的分析。每日复盘的时间在每天收盘后，最好是在晚上，因为这时白天盘中所引起的情绪波动已经基本平稳下来。复盘时间大致在 2～5 小时之间，复盘的程序为：

①将所有内盘的品种主力合约认真浏览一遍，分析一下它们目前的状态：长中短期趋势是怎样的？目前是处于哪个级别的趋势或箱体中？

②哪些品种趋势最强？哪些品种走势较弱？是否有符合自己交易机会的品种？

③如果有机会的话，这笔交易采取顺势策略还是逆势策略？是日内短线

还是波段？什么时间、什么点位入市？打算建立多大仓位？目标价位是多少？大概多久能运行到目标价位？入市后你将在什么地方遇到麻烦，也就是压力和支撑在哪里？什么情况下确定自己是错了？如果止损，是全部执行还是分批执行？是在盘中还是收盘执行？退出后是否有反向操作的可能？

④眼前这个机会在历史走势中是否出现过？当时是如何开始和发展的？这个机会品种的外盘是怎样的情况？

⑤在最近的行情中，是否有自己遗漏的机会？为什么遗漏了？如果重新给你机会你将如何去把握？

⑥自己的持仓品种走势是否正常？目前可否加仓？什么情况下加仓？什么情况下止盈出来？如果走势不正常，什么情况下出局？外盘如何？

⑦浏览各大网站，看看今天的重大新闻有哪些？它们给市场的影响是什么？是否会影响你的交易计划？

⑧股市如何？外汇市场如何？

(2)每日清晨针对外盘及各种新闻报道后的再复盘训练。由于时差原因，外盘品种是在隔天的凌晨后收盘，因此要在第二天清晨对所有外盘走势及早间新闻进行分析，通过复盘和分析，你需要明白的是：它们和你昨晚判断的结果是否一致？它们会对你的持仓或将要参与的交易机会带来什么样的影响？今天的各种可能性走势是怎样的？你将如何去做？

(3)盘中品种分析训练。实盘中主要是跟踪你的持仓品种的实时走势，明确了解其当日开、收、最高、最低的具体含义；分析盘中多头与空头的实力情况、目前盘中的压力和支撑在哪里、量价关系是否正常？今天市场参与的热情如何？和自己开盘前的分析是否相符？在整个看盘期间，自己的情绪是怎样的？是否受到盘中干扰而改变了交易思路？

8. 坚持写交易日记

通过写交易日记把我们在交易中的所见、所闻、所感、所做不拘形式地记下来。通过交易日记使我们能够倾听自己、反省自己，从而训练自己和提高自己。日记的内容主要是市场的变化以及观察到的特点。具体包括盘面分析、交易细节、思想状态、绩效评估、总结提高。

(1)盘面分析。这项记录工作既可以在看盘中进行，也可以在收盘后进行。记录的内容主要是市场的变化以及观察到的特点。比如，今日是否有重大资讯公布？如果有，市场对此的反应是怎样的？你的反应又是怎样的？市场原有趋势发展如何？波动和行为是怎样的？多头(空头)是否后劲不足？空头(多头)是否准备反攻？价格是否逼近重要的压力或支撑？有否新的交易机会出现？预期的情况是否已经发生？原有仓位可否继续持有？是否发现了新的规律？是否有异常现象和你曾经学习的理论发生违背？

(2)交易细节。交易细节主要包括交易日期、品种名称、买入价格、卖出价格、止损设置、投入资金占比、全部佣金、交易理由、交易目标。另外还包括是否按计划执行？如不是，原因是什么？当前盈利、亏损是怎样的？

(3)思想状态。进行交易前的期望是什么？当你观察和实际交易过程时，有什么感受？尤其是没有达到预期时，你是什么感觉？哪些情况会引起你情绪上的波动？带来何种行为？当出现你预料外的走势时，你是怎样想、怎样做的？当出现你预期中的走势你又是怎样想的？做了什么？

(4)绩效评估。在你的分析和交易中，你所有的判断其准确性如何？原来的交易信号现在看起来怎样？你对哪些地方感到满意？对哪些地方你现在会有不同的做法？如何改进？你学到了哪些教训？在新方法的交易中，你犯下了哪些错误？经验和教训是什么？对于未平仓品种，价格是否达到目标区？是否已经进了目标区而需要更严密观察？是否需要加仓或减仓？是否按照计划发展？如果资金运用到其他方面，绩效是否更理想？现在就应该出场，或再持有一段时间？行情是否逼近止损点？你是否忽略了止损点？价格波动程度是否发生变化？对于平仓品种，你是遵循了先前设定的退出策略，还是因为其他原因退出的？原因是什么？

(5)总结提高。在今天的交易和观察中，你得到了什么启发？如何使其发扬光大并服务于自己的交易？对于获得的经验和教训，需要做什么工作使其得以巩固和完善？需要制定和执行哪些规则才能够更好地改正自己的错误？

(二)行为技能培养要领

1. 养成定期整理思绪的习惯

有些时候并没有必要做很多事情，重要的是应该把精力用在正确的地方。而通过整理思绪，我们可以知道哪些事情需要最快得到处理，哪些事情可以先放一放。这是我们忙碌中能够“立即行动”、“游刃有余”的一个很好的诀窍。

2. 善于使用“零星”的时间

在外出的时候总是装着必须阅读的书以及笔记本。一旦出现5分钟、10分钟这样的零星时间的时候，就赶紧拿出来学习。不要小瞧这“零星”的学习时间，如果天天如此的话，那么一周之后成效就非常可观了。

3. 不要等到条件都完美了才开始行动

如果你想等条件都完美了才开始行动，那很可能你永远都不会开始。因为总是会有些事情不是那么好。或是错过时机，或是行情不好，或是竞争太激烈。现实世界中没有完美的开始时间。你必须在问题出现的时候就行动起来并把它们处理好。也即开始行动的最佳时间便是现在。

4. 用行动来克服恐惧、担心

相信大家都有这样的经历，学习交易过程中非常困难的部分就是等待交易机会来临的时候，其实即使是拥有多年交易经验的老手也会有交易前焦虑担心的经历。但是一旦开始交易，恐惧也就消失了。所以，行动是治疗恐惧的最佳方法。万事开头难。只有行动起来，你才会逐渐建立起自信，事情也才会慢慢变得简单。

5. 机械地发动你的创造力

人们对创造性工作最大的误解之一，就是认为只有灵感来了才能工作。如果你想等灵感给你“发电”，那么你能工作的时间就会很少。与其等待，不如机械地发动你的创造力马达。例如，如果你需要理解某个交易内涵，那么就强制自己坐下来大量复盘或者翻阅前辈的交易书籍，如此通过大量的图表信息及前辈思想必定能够刺激思绪，激发灵感。

6. 立即谈正事(立即切入正题)

很多交易者在网络或现实中和别人学习时，一般都会先做些社交活动或聊聊天儿。其实，真正的交易者是没有时间谈及其他或者闲扯的，如果你不避开这些让人分心的事情来开始谈正事，那它们会花掉大家很多时间的同时，也常常错失了接下来的学习机会。因此当你得到学习机会时，一定要直入主题，一旦开始谈正事，那就会变得更有创造力，而且对方也会把你的问题真心看待。

(三)心理技能训练要领

1. 预防为主并调控在先

同人类对待疾病一样，最有效、最经济的途径是采用各种方法防患于未然，不是仅仅等到在学习和交易中出现了心理问题再去治疗、调控，而是针对可能出现的问题，我们主动学习心理调控的方法。这方面我们可通过学习前辈的书籍去发现自己的问题。

2. 长期坚持模拟和实盘操作

任何一项高超的技能，都需要在训练中进行成千上万次的重复练习和实战操作，才能达到炉火纯青的地步，在竞技场里发挥其效力。同样，任何任何一项心理调控的技术，如焦虑水平的控制能力、注意力的控制能力、动作表象的能力等等，也必须经过千百次的系统练习，才能在交易中发挥其效力。

3. 积极主动

心理技能训练的效果，首先取决于我们的自觉性，如果我们不相信心理技能训练的作用，不了解心理技能训练的原理，对心理技能训练持怀疑、观望甚至否定态度，这样不会产生良好的结果。

4. 培养概率思维

交易充满不确定性，任何交易者所做出的判断都是对未来事件发生概率的一种评估，所有的预测，最后都需要事实来验证。一旦被事实证明是错误的，我们就要有改正的勇气去纠正它。因此对于交易者来说，最好的交易指南就是可能性，也即概率思维：这笔交易很小的可能性成功、可能的成功，以及较高的可能性成功。当交易者将自己与概率息息相关，并从概率角度思考问题后，不仅解除了交易预测的烦忧，保持心态的平和，而且还能够让交易者知道保护自己，也即建立止损。

5. 运用肯定性的思考方式

期货交易跨越多种学科包括经济学、心理学、统计学和哲学，参与的人们兴趣异常强烈却又十分缺乏相应的知识，学习和交易过程中，难免遭受更多的挫折和打击。因此肯定自己、相信自己的思考方式就显得无比重要。不是吗？一般人常常有意无意地对贫穷、困难以及失败充满恐惧，患得患失，而成功者却为自己已经拥有的财富感到满足。所以，坚信未来一定会更好地过上富裕的生活，任何时候你的思考都要集中到你自己想要达到的这一目标。这正是：想法决定我们的生活，有什么样的想法，就有什么样的未来。

6. 培养自律精神

在交易世界里，自律是制订和遵循交易计划的能力，是预知何时你的计划不能起作用，并且在其失灵时不再遵循它的能力。它不是与生俱来的一种品质，而是靠后天培养的。相信每位拥有丰富交易经验的朋友都或多或少拥有这样的经历，常常犯些十分愚蠢的错误，过后想起来都不能原谅自己。这正如《十年一梦》所说的那样："明明知道，却做不到。"

那么，自律的表现是什么？

(1)或者为你积敛财富，或者让你丢盔卸甲。

(2)蒙受损失后，可以抖擞精神不甘失败地再次返回交易阵地。

(3)可以不受外部信息和与你系统毫不相干的信号干扰。

(4)不追逐过大的交易量，可以在一定合理的交易规模上安之若素。

(5)始终如一地坚持自己的交易系统，每天不间断完善交易系统。

(6)不管是前一天赢得心花怒放，还是输得一塌糊涂，你都会出现在交易场上。

《体育运动心理学》曾说，对于一种运动技能，如弹琴，打字，驾驶汽车等，要达到熟练必须经过1000～1500个小时的练习，若技能要达到世界水平，就必须超过10000个小时的练习。体育如此，交易也是这样。正如国债交易员查理•D说的那样，只有经过5000笔以上的交易，你才会把交易中所有可能遇到的各种情况经历了。

四、导致交易失败的常见行为

1. 忽略最初的基础学习

绝大多数交易者在进入期货市场开始交易时，都没能认识到学习的重要性，也没能掌握或运用正确的学习方法。在没有做太多功课的情况下，就以为自己对交易拥有原创性和深邃的高见。在他们看来，粗略地了解了某些分析方法就说明自己已经拥有了获利技能，那么只有交易获利才是正常的，亏损是反常的，以至于是不能容忍的。然而交易和医生、律师一样，都是一门技艺，而交易技艺的获得显然要比医生和律师难得多，所以要想获得交易本领，起码要熟练掌握基本的知识和拥有一定的经验后，才能够做到。

2. 过高的期望值

对于刚入市的交易者来说，期货市场简直就像天堂一样，发财致富非常容易。过度的期望值和过度的自信，使得他们的交易目标非常不切实际，对恐惧和风险嗤之以鼻，交易行为又过于大胆。结果是不仅亏损累累，而且没有从中学到任何有价值的经验和教训。更重要的是由于交易者没有赔钱的心理准备或者赔掉的钱远多于他准备输掉的，使得信心荡然无存。

3. 低估或忽视了学习成本

由于交易的特殊性，任何一个知识的正确运用和交易方法的提炼完善，都是要经过不断地交易、不断地试错才能够达成，在这个过程中难免要发生资金的损失，也就是付出学习成本。但是，由于大多数人没有认识到这点，或者是没有从中得到经验和教训，因此他们就把这个成本的付出怪罪在了市场或某人身上，从而错误地认为自己一直是在赔钱，而不是付出学费去学习。

4. 抱着怀疑的态度去学习和交易

前不久我们公司发生了这样两件事，一个是费尽很大周折好不容易开了户的外地朋友，竟然只做了一天交易就放弃了，说是期货交易太惊险了，根本无法赚钱；一个是已经做了一年多的朋友，因为一直都没有赚到钱，所以也想放弃了。虽然我没有和他们细致沟通，但是我能感觉到，让他们退出交易的真正原因是他们认为期货并不是赚钱的地方，所以选择了退出。一直以来，无论网络还是现实生活中，总是有朋友问我，期货交易真的能让我们赚到钱吗？带着这样的怀疑态度去学习和交易，自然不能够承受压力和考验，也无法做到对交易的全神贯注。那么，期货交易到底能不能赚钱呢？下面的两个实例将是最好的说明：一个是这两年期货界内最为轰动的“一个老太太从 4 万赚到千万”的真实案例。这个老太太之所以能从 4 万赚到千万，是因为年豆油的大牛市行情，虽然我们不认可她的满仓交易手法，但是这说明只要有趋势在，我们就一定能赚到钱。另一个是国外专做杠杆交易的对冲基金经理，他们几乎各个身价百亿、千亿，而原油操盘手年薪竟达千万美元，这惊人的高薪难道不是最好的说明吗?!

5. 盲目追求交易秘籍

很多交易者误以为成功赚钱的人都是因为拥有百战百胜的秘籍才成功的，所以千方百计地去寻找它。那么请看在交易这行中，可以算作是最会赚钱的代客理财的顶尖高手们(通过各种方式把大家的钱聚到一起做交易)是通过什么在市场中赚钱的。在国外成熟市场中，当高手们想给别人理财时，或者是想做基金经理时，投资方(机构或个人)是要对他们的能力进行严格审查的，审查他们是否具备通过交易赚钱的能力，一般他们会提出这些问题：

(1)是什么促使你入市交易？

(2)在什么情况下你会卖出？

(3)当一项投资获得了良好的回报时你会做什么？

(4)如何控制资产的规模？

(5)你的回报是不是具有历史性的重复规律？为什么？

(6)如何进行对冲交易？

(7)你的投资理念是怎样产生的？它们是你独有的吗？

(8)在你的丰收年份是如何获利的？

(9)在这一年里是否进行了大交易，获得了高额回报？那样的情况经常发生吗？还是一种侥幸？

(10)最差的交易是什么？

(11)最严重的损失是哪一次？那一次出了什么错？

(12)这种情况会再一次发生吗？

(13)为了汲取那些失败的教训，你做了哪些改进？

只有通过考察了，他们才会认为你拥有赚钱的能力，才会把钱交给你。可见，能够让高手们赚钱的不是什么秘籍，而是高手们的投资哲学和评估体系。

6. 错误的心态和交易方式

在所有的交易者当中，很少有交易者是历经多年刻苦学习和反省，身经数千次交易，已经形成拥有了自己所独有的分析和交易体系，以至于能够在期货市场中稳定获利的。既然没做到这点，就说明交易者还处于学习期、摸索期，就要安下心来付出时间和学费去学习，而不是过度关注短期目标，以及不切实际地要求自己去过量交易妄想着抓住每一次机会，获得每一份利润，以至于自己给自己带来悔恨和挫败感。

7. 正确的时间做错误的事

不能够正确认识自己和评估自己现在的实际水平，不知道自己需要补习的方法和内容。往往在交易初期，忽略交易技能的掌握和磨炼，错误追求所谓良好的心态，使得交易能力无法得以提高。其实这个时候交易者更应该做的是全面学习基础知识和交易规则，并从中提炼完成自己的交易体系，而不是盲目把重点放在交易心态上。这就好比乒乓球比赛，如果我们上场和孔令辉打比赛，从心态上来讲，我们绝对占优，因为能够站在比赛场上作为业余的我们就已经是胜利了。可是我们同样不会获胜，因为作为世界冠军的孔令辉，凭他的技能和经验即使闭着眼睛也绝对能打过我们。所以在交易的初级阶段，我们需要做的是学习本领和掌握技能，而交易过程的心态控制，则是拥有本领后需要做的事情。

8. 懒惰、消极

由于人在本质上是抵触和厌恶变化的，所以，身体懒惰的交易者光想不干，大脑懒惰的交易者光干不想。身体懒惰的人虽然能够想到很多与众不同的问题，常常还会想出些新鲜的思想和念头，但他们因为懒惰而不能去验证、测试和评估，所以有了好的念头也不了了之；而大脑懒惰的交易者每天都是做同样的工作，任何方法拿来就用，从来不去思考原因或改变什么。消极的人则是什么都不想，什么也不去做。即使有再强的能力，终生也将一事无成。更可怕的是他却自认为很聪明，什么都知道，什么也都能看透，因而看不起别人，也从来不能冷静、全面反省自己的交易行为。所以无论身体和大脑懒惰的人还是消极的人，都因无法发现问题和解决问题，无法从众多交易者中脱颖而出。

9. 学习态度保守

学习和交易全凭自己的想当然，不屑与外界来往，不能以开放式心胸接纳他人的知识和经验。即使知道自己的水平不如别人，甚至差得很远。但不是全力以赴去迎头赶上，而是独自承受巨大压力、自暴自弃。因此，新的东西没有得到，旧的东西也慢慢失去。

10. 性格懦弱，反应迟钝

无论学习还是交易都没有自己的主见，面对每个不确定的交易结果，手足无措、不知如何处理，以致不能及时处理损失，无法让盈利最大化，也不能把握住有限的机会。

11. 非黑即白看世界

在很多交易者尤其是新手交易者看来，交易的所有环节的执行标准都应该有像标准答案的考试一样，结果非常确定无疑。他们觉得正确出色的交易就是坚持原则，按照这些标准去做。但是，恰恰相反的是，在交易世界里，没有任何一个交易的执行标准是科学和唯一的，常常是不同的市况执行标准不一样，不同的人执行起来也不一样。

12. 高估自己的分析能力

在市场中，常常看到这样一些人，认为自己知道的总是比实际的更多，喜欢对自己一无所知的事情表达观点，并在这些观点指导下贸然采取行动，其结果当然可想而知。从事交易具有整体观固然重要，但却没有任何人能够做到面面俱到。即使那些高手也只能做简化整理信息的工作，挑几个重点作为判断依据。高手尚且如此，作为大多数一般交易水平的交易者来说，更不该高估自己的分析能力，死守某些观点固执己见。任何时候都要先想到自己很有可能是错的，错了怎么办，如何把损失降为最低。

13. 疏于换位思考

不了解人性，不了解恐惧、爱、愤怒、贪婪及怜悯等情绪。总觉得发生在别人身上的事情，不会发生在自己身上，拒绝从别人身上计算得出的概率，推演本身的风险，往往把别人当傻瓜。然而在交易中，自己的观点、行为是远远不够的，还需要考虑他人的想法。

14. 轻信、冲动

轻信朋友，轻信媒体，轻信合作对象，轻信自己的智慧，轻信知识，轻信实力，轻信权力，或轻信判断，轻信机遇，轻信学历，轻信经验，甚至轻信神灵等等。要知道，做交易是一种个人目的非常明确的事，也是一种以利益为根本的事，同时又是冒风险的事。所以，轻信的性格最容易把利益拱手让给他人，或把成功交给失误。

而冲动的人往往是轻易做决策，或突然决定干什么，或突然决定撤销什么计划。这种轻率的行为，必定会导致失败的结局。

15. 骄傲、狂妄

有一点儿成绩就忘乎所以，也许偶尔会成功，但很快又会全部丧失获得的利润。这类交易者最容易犯错误，每个错误都是他失败的积累。这类交易者的心理也最脆弱，既经不起成功的喜悦，又经不起失败的打击。所以，其结局难免是与可怜和自卑相伴，消极混世。

16. 自私自利

不想奉献，只想占便宜，不能够付出辛苦，只想投机取巧或不劳而获，其结果当然是不会获得成功和财富，而只能拥有自己——形影相吊，顾影自怜。

五、盈利模式的寻找、验证与运用

可以在交易中稳定盈利的模式，要具备三个条件：

其一，要有优胜的逻辑，言之成理。

其二，要把这套逻辑做成可以做买卖抉择的程序，程序内要包括有买卖信号，止盈、止损信号，何时入市操作等；程序可以是机械的，也可以是自行判断的。

其三，模式所用的方法，不仅在目前市场中可以帮助我们获利，而且在未来5～10年依然能够帮助我们获利。

(一)盈利模式的寻找

(1)每天至少花8小时来研究市场，尽力探索挖掘与市场相关的一切因素。

(2)打印所有品种，在图中指出长期趋势、短期趋势、目标价位以及现有的操作思路，统计当天交易的波幅、成交量，回顾并更新趋势线，计算均线，推算价格的转折点，设定进场价位。

(3)回顾过去几年中与当前市场类似的情况，思考自己的交易。回想和分析事情是怎么发展到现在的？为什么做出那种决断？对那些可以得到的信息做了什么？在市场上同其他人是如何相互影响的？

(4)设想第二天可能会发生的各种情形。如果市场向上，努力设想出它上涨的幅度，以及这种情形所产生的反应(如交易者可能会做空)；相反，如果市场下跌，试图确定自己应该从哪个点位平掉空单获利；然后如果市场从该点位反弹，问自己在什么位置卖方可能会介入，市场会重拾跌势，以便做好出击准备，以书面形式制订出第二天的交易计划。

(5)每天把市场的变化和观察到的特点记录下来，周末再把一周的笔记进行整理。

(二)盈利模式的验证

为辨认过去对你来说似乎显得最好的东西是否真的发挥最好，根据《完美的日内交易策略》一书提示，可通过 8 个方面对盈利模式进行检验：

(1)所分析的年数。在考虑检验的时间长度时，必须有自己的主见。许多系统开发商仅检验 10 年的历史数据。

(2)所分析的交易次数。如果你的系统能够产生足够数量的历史交易，那么我建议至少检验 100 次交易。检验越多越好。不过在检验中，当你发现数据并不十分支持你的系统时，你总会倾向于检验更少的交易。

(3)最大浮亏额。这是交易系统各种因素中最重要的一点。浮亏过大显然是一个很大的负面因素，因为它在交易系统还没来得及表现为挣钱之前就让你从期货市场中过快退出了。因此检验那些最大损失的交易，你可以思考出一些造成浮亏的缘由。如果大部分亏损仅在一次交易中出现，这总比你经历一连串损失要好。

(4)最大连续损失次数。该变量更多的是一种心理因素。一个优秀的交易系统也可能连续好多次交易赔钱。没有多少交易商可以在连续 4 次或者更多交易损失之后还能坚持他们的交易原则。所以要知道是否会出现连续 10 次或者更多次损失是很有必要的。

(5)最大单笔损失额。该重要指标给出了一笔赔钱交易最大的损失额度。它允许你调整初始止损额度以对系统重新检验，来看所有赔钱的交易中平均损失额度是多少。

(6)最大单笔盈利额。这个比最大单笔损失额还重要。如果你的盈利仅仅靠一笔交易来获得，那么你的系统很值得怀疑。

(7)盈利交易百分比。很少有系统盈利交易占到65%以上，统计的交易次数越多，该比例越低。有些盈利交易次数只有30%的交易系统也可以是好的交易系统，有些盈利交易次数达到了80%的系统也可能是一个不好的交易系统。很明显，即使盈利交易次数百分比很高，如果亏损交易平均亏损很大而盈利交易平均盈利很小，那么这很显然是一个不好的系统。

(8)交易平均盈利。该指标会告诉你假设的平均每笔交易会是什么样的。你必须确认检验自己的交易系统，在交易平均盈利里面扣除摩擦损失和佣金。在评估交易平均盈利时，还必须重点关注最大单笔盈利交易和最大单笔亏损交易。

(三)盈利模式的最佳发挥

(1)明白你的模式：这个模式必须是你自己发展出来的，这样你才能明白每个环节的意义，才可以轻松承受不可避免的失败，也不会被巨大的成绩冲昏头脑。

(2)信任你的模式：根据你的学习和交易经验，根据你的历史资料测试，你将会了解这个模式的可行性条件和成功概率，这会给你强烈的自信和勇气，以后无论是继续交易还是停止交易都将是自然而然的行为。

(3)遵循你的模式：只要一如既往地遵循它，慢慢你将会发现交易的好坏之分不是亏损和盈利，而是你有没有控制住风险。到了那一天你也将觉得交易其实并不是那么辛苦。如果随着经验和新知识的增长，想变更盈利模式，这种变更必须在没有建立头寸的情况下才可以做出。

(4)警惕你的模式：你所采用的盈利模式结果越显得好，你就越要保持警惕。这就如卡尔说的那样："我们在知识领域里所取得的任何收获都来自于对现存理论的质疑，而不是维护。"

(四)盈利模式使用的障碍

(1)每种模式，每种方法，每个交易员都有亏损时期，而亏损是追随模式的最大障碍。假如你无法忍受交易时不可避免的连串损失，那么你将会不断更换交易模式，从而放弃了好的交易模式。

(2)没有人可以知道模式未来是否还会获利。

(3)会获利的模式常常看起来像是不会获利的模式。

(4)交易和追随模式同样受制于情绪的考验。

(5)不能总是想着改变它，在任何情况下都让我们满意的交易方法根本不存在。

(五)稳定盈利账户的界定

(1)资金账户曲线在一年当中能够保持稳定上升状态，其中亏损月份不能超过 2～3 个月。

(2)资金账户曲线从任何一个高点下降不能超过 30%。

(3)交易次数要有 100 次交易才能有统计学上的意义。

六、良好性格及创造性思维培养

(一)良好性格培养

(1)别怕失败。任何人想在交易领域有所成就、有所创新，就必须会犯错误，会遭受失败，越是想在新的领域里有所成就，犯的错误就会越多，这常常让很多交易者感到痛苦。之所以痛苦是因为把失败当作了消极、重大、最终的结果，把失败归结为自己能力不足、自身弱点或者疏忽所导致的失利。其实，失败不应被看作一切的终结，相反，它是成功的前提。只要你交易理由充分，那么交易失败所造成的亏损，必然是你经验上的获利。

(2)学会控制弱点。为了控制自己的弱点，我们要知道自己的弱点是来自于技能、知识还是才干。对于技能和知识方面的弱点我们可以加强学习和磨炼；对于才干方面的弱点我们可以采取如下四个方面的策略来控制：

①下番苦功，把事情做得更好一些。

②设计一个支持系统——每天想象诸如“如果……那么……”的问题。

③用你的强势、优势来盖过你的弱点，优势的威力能够压倒弱点。

④找一个伙伴——建立在互补才干上的伙伴。比如你不懂统计，那么就找一个擅长统计分析的人做伙伴。

(3)和积极向上的成功人士共行。所谓你的朋友就是你的未来，和乞丐交往，顶多就是乞丐头儿。

(4)拥有梦想。梦想是件好东西，也许是世上最好的东西。只要有自己的梦想，就能成就自己的辉煌。

(二)创造性思维培养

(1)拥有好奇心、激发求知欲。好奇心是人对新异事物产生诧异并进行探究的一种心理倾向。求知欲又称认识兴趣，它是好奇心的升华，是人渴望获得知识的一种心理状态。好奇心和求知欲是推动我们主动积极地观察市场，进行创造性思维的内部动因。具有强烈好奇心和求知欲的交易者，对事物有着执着的追求和迷恋，不会感到学习和创造是一种负担，而是在活动中获得极大的精神鼓舞和情感满足。

(2)寻找有利于与创造精神形成的氛围。选择以鼓励质疑争辩、自由讨论、谦虚好学的学习场合，回避以推荐品种、张扬业绩、发泄情感的聚众场合。

(3)加强发散思维和直觉思维的训练。发散思维是创造性思维的主要成分，加强发散思维的训练对培养创造性思维有着重要作用，我们可以通过一题多解和一题多变的练习，来培养我们思维的灵活性和变通性。直觉思维是创造性思维的另一成分。在创造性学习中，由直觉思维产生的想法尽管还只是一种未经检验与证明的猜想或假设，但它就像智慧的火花，能推动我们继续深入思考，从而成为发明、创造的先导。可靠的直觉思维来源于丰富的知识，直觉思维总是以熟悉的知识为依据的，所以我们必须认真学习并掌握与交易相关的所有理论。

(4)陶冶创造型的人格。创造性思维的发展不仅和智力因素有关，而且和一系列非智力因素和性格特征有密切联系。这些人格因素是促进创造思维发展的必要和充分条件，它是在学习和实践中逐渐形成的。创造型人格一般具有以下特征：浓厚的认知兴趣、旺盛的求知欲和强烈的好奇心；敏锐的观察力、富于想象、捕捉机遇的能力；较强的进取心理和较高的抱负水准；自信心强，且能够有效地进行自我激励；较强的独立性、从众行为少、有开拓创新精神，不受传统观念束缚；敢于冒险、喜欢富有挑战性的工作；有献身精神、热情、勤奋；具有幽默感、审美感；浪漫、直率、感情开放；坚忍、顽强、目标明确，有契而不舍的精神等。

七、实战训练注意事项

1. 正确认识实战操作与模拟操作的关系

对于新手来说，模拟操作十分重要，它对熟悉交易软件、掌握看盘要点、领会交易规则、理解交易知识及交易方法有很好的帮助作用。但是模拟操作绝不能代替实战训练，因为在模拟中没有心理的考验，也缺少资金管理的概念，而这两点恰恰是决定交易成败的最关键因素。因此，在模拟交易中对交易程序和交易方法熟悉后，就要及时转为实盘交易，这样你才能真正成长和进步。

2. 熟悉交易软件、了解下单方法

交易软件就好比作战武器，熟练使用它对交易绩效具有非常重要的意义，它可以让你更快地进入和退出交易，从而减少交易成本。在下单之前，你也一定要明确自己已经做出了要立即买入、卖出或平仓的决定，并且对此深信不疑。因为犹豫不决常常会使你损失一大笔钱。设置好订单后，也先不要急于按确认键，一定要检查、再检查，确保品种选择、开仓方向、开仓价位以

及开仓数量都准确无误后方可按确认键。另外，对各个交易术语也要理解透彻，从而避免误解术语所带来的损失。

3. 了解交易指令、拥有分析方法

交易指令的内容包括：期货合约的品种(通常是期货合约代码)、交易方向、委托数量、委托价格、委托有效时间等。新手实战前应先熟悉和掌握有关交易指令后，再选择有关的期货合约进行交易。目前很多期货公司推出了带有自动止盈、止损的下单软件，很多交易者也使用着这种下单方法，虽然自动下单可以免去你决定何时退出交易的痛苦，但是新手交易者最好学着自己做决定，而不要依靠任何自动化的止损系统。当你靠自己的能力做出艰难的决定，并将其坚决贯彻到底，你会惊讶地发现通过实践你变得更坚强，那将是冒险者生涯中至高无上的报偿。为达到训练的目的，每次交易一定要有属于自己的判断依据，这种依据是建立在你的知识和分析之上的。如此，你才会知道自己对在哪里、错在何处，从而发扬长处，改进短处。

4. 要敢于交易、多积累实战经验

期货交易是一场智慧游戏，它更多的是比经验、比技巧，所以前辈告诉我们说，行情分析和交易技巧是期货交易赚钱的两个重要条件。如何磨炼交易技巧？那就是通过交易累积实战经验，所以新手学习交易一定要敢于交易。只有一次次的实战参与，方能了解市场形势，把握市场提供的良好机遇，及时做出反应。这样当你完成了5000笔左右的交易之后，你就已经经历了差不多全部可能需要你做出反应的情况，剩下的就只需要直觉了。

5. 先求生存、后求卓越

无论你有多大资金，无论你对自己的方法有多大把握，请一定用最少的资金交易，而且每次只做开仓和平仓，不做加仓，这点对能否生存非常重要。因为加仓是更难的交易技巧，只有掌握和熟练开仓、平仓技能、能够活在市场中后，才能考虑学习加仓，这个道理就好比先学会走，才能去学如何跑。在如此多练少赔的小资金交易中，既检验了你交易方法的可行性，也锻炼了你的交易能力，从而积累了交易经验。那么，经过一定时间的磨炼后，你基

本可以在开仓、平仓中获得了利润，这时你要做的就是要抓住大机会。和股票一样，期货中的中长期趋势机会也不是短短几天就结束的，它会提供给你多次的入场机会。由于期货的保证金制度，于是合理位置的加仓就显得尤为重要。当你第一次通过持有一个盈利的仓位并且不断加仓获得了利润，战胜了市场也战胜了自己的时候，你也就成为一位优秀的交易员了。

6. 认识风险与防范风险。

在期货交易中，风险主要有两种，一种是来自于投资者本身的风险，如无知、固执、自负、傲慢、懒惰、愚昧；一种是来自于市场的风险，如价格波动风险、市场制度风险(保证金、交割)、操作风险、法律风险。对于投资者自身引起的风险，可通过提高个人素质、勤学多练来防范和化解，对于市场带来的风险，可通过资金管理、及时换月、熟练使用行情和交易软件、及时和期货公司沟通、选择合理合法正规期货公司来防范和化解。

7. 从失败中学习

理性而熟练的操作技巧，来自于惨痛教训。交易者的失败根源主要有如下几点：

(1)随自己的情绪而不是随规则交易。

(2)从来只给自己两个行动的选择：孤注一掷，或是干脆放弃。

(3)面对选择的时候，总喜欢选择确定的、简单的答案。

(4)认定唯一一幅完美而理想的画图，不能够接受并不完美的客观事实。

(5)自以为是。

(6)固执地坚定一些绝对的标准，不能接受灵活多变的客观事实。

(7)不能时刻保持警惕。

如何从失败中学习？参见巴鲁克的失败总结(摘自《华尔街冒险家投资大师巴鲁克传》)。

1930年，巴鲁克在股市上惨遭失败。事情过后，他对自己进行了深刻地反省。

个人素养方面：

(1)自立：必须独立思考，切忌情绪化。去除一切可能导致非理性行为的环境因素。

(2)判断：不要放过任何一个细节——深思片刻。千万不要让自己希望发生的事情影响自己的判断。

(3)勇气：不要过高估计当一切都于你不利时你可能具有的勇气。

(4)敏捷：善于发现一切可能改变形势的因素以及可能影响舆论的因素。

(5)谨慎：随和些，否则难以做到谨慎。股市于你有利的时候更要谦虚。当自己认为价格已达到最低点便着手买进，这不是谨慎的行为，最好等等看，晚些买不迟；执意等到价格升至最高点再卖出，这也不是谨慎的行为——“太快了”脱手大概更安全。

(6)灵活：将所有客观事实和自己的主观看法综合起来考虑、再考虑。必须彻底摒弃固执己见的态度——或称“自以为是”。执意在某段时间内赚进某个数额的想法会完全破坏你自己的灵活性。

客观事实方面：

考察客观事实必须周到、慎密。

(1)能预示未来的货币市场、股票市场、商品价格走向及国内外政治形势等。

(2)有关企业过去情况的记录。

(3)私人公司方面。

心理因素方面：

几乎每个人都难以逃避被自己的情绪所控制，他们要么过于乐观，要么过于悲观。当你掌握了客观事实及形成自己的观点之后，请静观潮流。你应该知道市场会发生什么事，但不要将它误认为是同大家对着干，也不要站得太靠前。如果是牛市当然不要卖空，可是，如果有逆转的可能或者手握股票令你烦忧不已，便不可久留；反之亦然。股市发生恐慌时，最好的股票也不要指望能卖出合理的价格，密切注意所有令公众鼓舞或惊恐的事。股价爬升时，全面考虑令它爬得更高的情况，相反的可能当然也要想到；勿忘历史，相反地，当股价下落时，也是同样的道理，注意主流，但无须太多的“同伴”。

总体而言，动作要快。如果做不到这点，尊请减少介入。另外，一旦心有疑虑，也请减少介入。下定决心之后应该立即行动。制订计划时，你必须及时地考虑市场的动向。

在充分了解过去状况及全面掌握眼前形势的情况下，将两者加以比较，心理上为一切障碍做好准备。行动过激永远带来反应过激。要考虑到“机会”的因素，并随时为此做好财政上、精神上以及体力上的准备。

8. 选择一个好的指导者

在交易界里，错误永远不可避免，学习交易的过程也是一个不断犯错和纠错的过程。因此，谁能发现自己的错误、谁能纠正自己的错误、谁能利用别人的错误获利，谁就能赢得最终的胜利。然而，由于各种条件所限，交易者本身在很多情况下对自己的错误是不了解的，或者了解的不准确、不全面，那么，他身边的观察者就显得非常重要，也即所谓的当事者迷、旁观者清。因此，对于新手来说，选择一个好的前行者做自己的指导老师就非常非常的重要，这个老师水平的高低和素质的优劣，将很大程度上决定了你的交易成本或交易成败，而不是单单看其手续费的多少。这也就是为什么有些期货公司虽然手续费远高于其他公司，而客户资源仍然源源不断地主要原因所在。

9. 养成看待胜负的平常心及总结经验的习惯

一是不可高估或低估自己的能力，对自己交易的盈利目标有真实准确的预测。二是既积极主动，尽力而为，又顺其自然，不苛求笔笔交易完美。三是要做好交易，光有实践经验是不够的，还应该按照一定的步骤，总结出属于自己的需要遵循的原则和要求。如此，方能在竞争激烈的期市中立于不败之地。

八、顶尖交易员获利秘籍

(1)极度热爱，无怨无悔。数十年来专注于专业训练、持续学习和大量交易，不知疲倦，也无怨言，在漫长的交易生涯中，以经验、思考和直觉为生。

⑵立场坚定，目标远大。选择交易不是想要成功，而是一定要成功；交易目标也不是每月赚点儿生活费，不是把股市上的亏损在期市中捞回来，而是要成为国内顶尖以至世界顶尖的高手。

⑶反省自己，研究对手。对自己，做对的不断加强，做错的立刻改正；不强求自己不犯错误，但是希望自己只会犯更小规模的错误。对他人，了解对方弱点，利用对方弱点。在经历了一些糟糕的交易之后，因为头脑得到了洗礼，观念和想法获得了提高、改善，交易往往会做得更好。

⑷勤奋学习，谦虚谨慎。不断寻求更多的知识与信息，不断建立自己的知识基础，每天都坚持大量阅读，使得自己的专业知识是行业的顶尖。时刻保持谦虚的心态来对待市场，永远不以为自己总可以站在市场的前方；每一天都持之以恒地努力寻找与分析，从而会发现一个比其他人更好的交易机会。

⑸敏锐专致，科学研究。在观察市场时，用头脑自上而下来探究每个细节；在形成一个理论时，是利用数学证实抽象思想的正确性。对于市场操作的艺术或创造力，不是产生于各种理论的复制学习，而是产生在发展与检验市场假设可行性的过程当中。

⑹思维敏捷，见多识广。不仅能够顺应世界经济、美元、全球股票市场、全球利率、全球增长、地缘政治问题、能源价格的变化，对于从未听说过的变量的变化也能够从容应对；能够从某一领域吸收一个观点，然后把该观点应用于另一个领域。

⑺思想开放，灵活变通。拥有承认自身可能犯错的灵活性和主动性，善于倾听别人的意见，并积极地参与其中并追踪其发展状态，最终把所有客观事实和自己的主观看法综合起来思考。从而能够判断出什么时候应该合群随大溜，什么时候不应该。

⑻嗅觉灵敏，交易灵活。交易中不以一套特定的规则来做交易，而是努力寻找交易中规则的变化，寻找罕见的、可被称作“远离均衡”状态的价格波动，发现并利用市场偏离常规时产生的独特交易机会大赚特赚，投资哲学也随经济理论的演变而改变。

(9)清醒理智，特立独行。在人们思绪普遍受到人类天性影响时，在人们更偏向于去寻找并验证某些所谓的有利信息时，他们关注的是与自己判断相反的信息与证据，并能够以不同于其他人的方式利用信息，不时地校正预测将来市场的趋势。

(10)自制力强，适可而止。在交易选择上，看重的是价格波动性，而不是标的资产，每天倍加关注的也不是已经发生的事情，而是没有发生的事情；能够耐心等待确实值得下注的机会；在数字面前绝对理性，损失不会影响情绪。为了盈利100%，愿意亏损20%；为了防范不确定性，愿意把额外一点儿收益让渡给别人。

第八章　追求卓越

一、带着问号重读经典

通过阅读经典书，我们可以进入前辈的心灵，把他们的经验与想法加诸自己身上以加强自己的能力。然而，不同的学习阶段，同样的书籍收获不一样。比如《专业投机原理》，笔者刚开始学习交易理念第一次读它的时候，感觉这本书就好像天书一样，苦涩而无聊，根本无法读下去。后来学习期货开始观察和分析市场本质，第二次学习此书时，作者的细致和敏锐给了笔者很大震动，尤其是研究道氏理论时，猛然发现作者是根据道氏理论原理创造了1—2—3法则和2B法则。2008年金融危机后，笔者第三次阅读此书时，作者全面而扎实的基本面分析，让笔者从民兵走向正规军迈出了重要的一步。所以我们一定要对之前学习过的经典书籍不定期回顾和体会，并对充满好奇和存在置疑的题目，有计划地找出相关书籍来读，以寻找渊源，构成我们的知识体系。

二、不断接受新观念

一直以来，很多交易者认为找到一种方法就一劳永逸，尤其一系列的获利交易让他们觉得他们的交易技巧是常胜不衰的。殊不知当初能够让这些交易获利的市况是多么脆弱，变化随时都可以发生。比如突破交易方法，很多交易者对图表中的支撑位和阻力位特别敏感，并紧跟突破走势。这种方法在某一时期可能是有效的，可是随着人们对之认识的普及，这种方法就渐渐失去作用，甚至成为交易高手逆向交易的制胜法宝。这个时候你还固执己见怎能不受伤?！所以我们一定要关注市场的发展与变化，并对各种新理论和新方法的流行保持高度警惕和了解。另外为开拓视野、培养情操，我们还要广泛阅读其他相关领域的书籍，比如经济学、心理学、哲学以及大师的自传等。

三、形成投资哲学

在变化万千的交易世界，若想不被他人左右，必须用心发展自己的投资哲学，坚守正确的投资理念。什么是投资哲学？投资哲学是对交易世界的解释，是源于对市场认识所要采取交易行为的理由，是我们思想的盾牌，是我们免受市场情绪躁动影响的定心剂。它在解释中使我们理解交易世界，明白什么是对的，什么是错的，什么是有效的，什么是无效的；它指引我们做出选择，完成决策并采取行动，使交易世界在我们的意识中合理化。

(一)如何建立正确的投资哲学

尽管很多人察觉不到，但是事实上每个人都有一套投资哲学，只不过大多数人的投资哲学形成不是通过对市场正确理智的理解，而是一大堆从他们的环境中吸收来的杂七杂八且常常相互矛盾的理念。正因为如此，他们往往很容易根据市场的流行看法改变自己的投资理念。某知名专家曾说，拥有投资哲学并不在于它能对于所提出的问题提供任何确定的答案，而是在于这些问题本身；因为这些问题可以扩充我们对于交易中一切可能事物的概念，丰富我们心灵方面的想象力，并且降低教条式的自信。此外，尤其在于通过哲学冥想中的宇宙之大，心灵会变得伟大起来，因而就能够和那成其为至善的宇宙结合在一起。所以要想建立一个完整的投资哲学，必须理解这些问题：

投资的本质及规则是什么？市场如何运转？价格为什么变动?你的竞争对手是怎样的？如何预测价格？交易行为准则是什么？如何进行资金分配？盈利和亏损的原因是什么？如何避免自杀性行为等。

(二)如何了解投资哲学

在国外，投资机构往往通过调查对方的投资策略及如何买卖决策、交易模式的优缺点、何时交易绩效好、何时交易绩效差，来了解对方的投资哲学。具体有如下8个方面：

(1)是什么促使你买入？

(2)在什么情况下你会卖出？

(3)当一项投资获得了良好的回报时你会做什么？

(4)如何控制资产的规模？

(5)你的回报是不是具有历史性的重复规律？为什么？

(6)如何进行对冲交易？

(7)你的投资理念是怎样产生的？

(8)它们是你独有的吗？

(三)国际著名交易大师的投资哲学启示

杰西·利弗莫尔：有史以来最伟大的股票投资者，至今人们仍然在使用这位交易天才的那些富有革命性的交易策略。他曾在证券市场上获得惊人的财富，又数次赔了个精光，最后死于个人问题和严重的抑郁症。其投资哲学为：

(1)永不停止分析；重视大盘，而不是个股。

(2)在多头市场看多，在空头市场看空。

(3)关心把事情做得正确，而不是关心是否赚钱。

(4)在投机操作中，没有什么事情能够绝对预测正确。

(5)股票投机成功的基础，是假设大家未来会继续犯以前的错误。

(6)独来独往，不受他人左右。

(7)市场只有一边，不是多头的一边或空头的一边，而是正确的一边。

(8)凡是有损失的，都要卖掉，有利润的，都要留着。

索罗斯：当今全球举足轻重的人物，量子基金创始人之一。历经几次动荡和危机，以自己成功的预测和业绩、独一无二的投资风格著称于世。其投资哲学为：

(1)投资现实的前提假设是：市场总是错的。

(2)我们的世界观都是有缺陷或扭曲的。

(3)我们所要对付的市场并不是理性的，是一个无效(准确地说是无序)市场。

(4)信念会改变现实。

(5)通过对市场预期与内在运行规律的偏差之纠正的过程来达到投资获利的目的。

(6)在其他人跟风之前布置好自己的阵地。

(7)制造利润和损失的是自己，不是市场或某些外部力量。

(8)我理应赚钱。

威廉·江恩：20世纪最著名的投资家之一，用小钱赚取了巨大的财富。在其投资生涯中，成功率高达80%~90%，他所创造的把时间与价格完美地结合起来的理论，至今仍为投资界人士所津津乐道，倍加推崇。其投资哲学为：

(1)根据循环理论及数字序列对市场进行预测。

(2)宇宙的一切皆以圆形运行，无论是抽象的、实质的、思想的、物理的以及灵性上的，无一例外，人类每一个思想都会回转重来。

(3)对市场的预测计算是首先回到历史之上，找出所处的周期，然后根据从前的市场波动，以预测将来的市场走向。

(4)宇宙间的“波动法则”是支配市场循环的法则。

(5)在所有市场因素中，时间的因素占了决定的作用。

(6)永不确认市场转势，直至时间超越平衡。

伯纳德·巴鲁克：19岁进入华尔街，25岁就成为华尔街证券经纪公司的合伙人，通过投资在32岁就已成为百万富翁。随后开始具有国家最高水平的政府公共服务事业。其投资哲学为：

(1)人性是最重要的。

(2)谨防任何人带来“内部”信息或“特别消息”这样的好东西。

(3)采取行动之前，必须弄清楚一切可以弄清楚的关于这只证券的公司、公司管理和公司竞争对手的情况，以及公司的盈利状况和未来发展前景。

(4)不企图在底部买入、在顶部卖出。

(5)迅速接受损失、处理损失。

(6)仅持有几只可以持续关注的证券。

(7)定期评估所有投资。

(8)研究纳税情况。

(9)永远不将所有资金投资出去。

(10)坚守自己最熟悉的领域。

凯恩斯：20世纪最有影响的经济学家，对冲基金创始人。1920～1940年间，他在有史以来最艰险动荡的资本市场上投资，并积聚了财富。他的业绩涨落、手法变化以及投资思路都非常令人着迷。其投资哲学为：

(1)我们据以估计预期收益的知识基础极其脆弱，如果想估计10年后的一条铁路、一座铜矿、一家纺织厂、一种专利药品的信誉、一艘大西洋油轮、一座伦敦市中心区的建筑物的收益到底有多少，我们所能依据的知识实在太少，有时甚至完全没有，即使把时间缩短为5年以后，情况也是如此。估值知识的不完备和被投资的公司经营的不确定性又被飘飘忽忽的市场心理大大加强了，“按成规行事所得到的市价，是对事态一无所知的群众心理的产物，自然会受到群众观点突如其来的变化的剧烈影响。而使群众的观点发生变化的因素并不一定要求与投资的预期收益有关，因为群众向来就不相信市场会稳定，尤其是在非常时期，没人会相信目前的状态会无限期地继续下去，这样，即使没有具体理由可以预期未来会发生什么变化，但市场仍很容易一会儿受到乐观情绪的支配，一会儿受到悲观情绪的冲击”。

(2)专家中的大多数预测某一投资品的收益能力并不比一般人高出多少，

而仅仅比一般人稍微早一些。他们并不关心股票真正值多少钱，而是关心在群众心理的影响下，上述股票在3个月或1年以后在市场上能值多少钱。

(3)智力的争斗，在于预测几个月之后按成规所能确定的股票市价，而不是预测在未来好几年中的投资收益。甚至这种争斗也不需要为行为职业投资者提供什么好处，他们相互之间就可以玩起来。参加者也不需要真正相信，墨守成规从长远来看有什么合理的依据。从事职业投资好像是在玩一种“叫停”的游戏，一种“传物”的游戏，一种“占位”的游戏，总而言之，犹如一种供消遣的游戏。在这种游戏中，胜利属于不过早或过晚“叫停”的人，属于在一次游戏结束前能把东西传给相邻者的人，或者在音乐停止前能占有座位的人。这些游戏可以玩得津津有味、高高兴兴，虽然每个参加游戏的人都知道，东西总是传来传去，而在音乐停止时，总会有人没来得及把东西传出去，也总会有人没有得到座位。

(4)职业投资者的投资好比报纸上的选美竞赛，在竞赛中，参与者要从100张照片中选出最漂亮的6张，所选出的6张照片最接近于全部参与者共同选出的6张照片的人就是获奖者。由此可见，每一个参与者所要挑选的并不是他自己认为是最漂亮的人，而是他设想的其他参与者所要挑选的人。所有的参与者都会以同样的态度看待这个问题，致使挑选并不是根据个人的判断力来选出最漂亮的人，甚至也不是根据真正的平均的判断力来选出最漂亮的人，而是运用我们的智力推测一般人认为最漂亮的人。

李嘉图：历史上比凯恩斯更会在股市中赚钱的西方经济学家。主要投机政府公债、投身规模10倍于现金市场的期货市场。其21岁开始自己的职业生涯时，财产不过区区800英镑，30年后他去世时，留下的财产价值达到675000～775000英镑，这说明他每年获利达28000英镑。其投资哲学为：

(1)在大市变化时，察觉到股票(政府公债)相对价格之间可能出现的任何偶然差额。

(2)主要从事短期交易，而且将一大笔资产中的一小部分变现。

四、坚韧不拔，永不放弃

成功，是每位交易者梦寐以求并且全力以赴的目标，但是目标的实现，要靠日积月累的努力，这当中会碰到无数意想不到的困难和打击，那种无奈、痛苦、绝望和耻辱是常人无法想象的。那么，谁有历经千辛万苦的意志，谁能够在不利和艰难的遭遇里百折不挠，谁就能达到最终目的！

各位期友加油！

附录一　婉洋读书心得

婉洋谈读书

读书有用还是无用？读书和实践哪个更重要？对此，双方各说各的理，彼此毫不相让。我觉得这两个问题不能简单地以肯定或否定来回答，要让人接受自己的观点，必须有可信可靠的依据。

对于我来说，我认为读书是有用的。

因为，当你从事某个行业时，你一定要先具备这方面的常识，了解这行的规则是什么？投资主体有哪些？对方都采用什么样的分析和交易工具等等。而我们国家目前还没有这方面的专业培训学校，我们知识的获得几乎就是靠读书学习，所以读书是有用的，而且对于新手来说读书是必须的。那些坚持读书没用观点的朋友，我想大概有以下两种情形，一种是读死书，不经过思考也不经过验证，书上所有的方法都拿过来照搬，结果处处碰壁，亏损累累。于是他就说读书没用，甚至说读书是害人。另外一种是处于原始知识积累完毕，需要发挥创造性的阶段，这时对于他来说书上的方法都是他人的，他必须靠自己的眼睛去体察、去摸索、去总结、去升华。

可是无论哪种情形，都不能说读书没用，放弃前人的教诲和经验学习实在是不明智的。尤其放弃读书却热衷聊天儿胡侃的人更是不可理解。要知道，那些拥有多年成功经验的前辈教诲，比起还处在摸着石头过河阶段或者一直失败中的聊友言论不知宝贵多少倍！所以前辈会告诫我们，想让自己进步得更快，就去寻找和自己同方向并位于自己前面的人，然后花更多的时间和他们在一起。

凭心想想，我们眼前的经典书籍作者不正是这样一些人吗?！因此我说读书有用！

那么，读书和实践哪个更重要？

这个问题的提出本身就有缺欠，我觉得应该这样问：在新手学习和老手整合阶段，读书和实践哪个更重要？

对新手来说，自然是读书更重要。只有当你掌握了足够的知识，全面地了解了这行，并初步总结出了适合自己的交易方法，才能够把学习重点从书本转移到实践。而对老手来说，别人的方法都不可靠，一定要通过实践不断地整合和升华，因此重点自然也是从读书转移到实践。如此想来，我们还会为孰重孰轻而争来争去甚至不知所措吗？

一路走来，我读书的方法是什么？

几年来，我拥有交易相关书籍200余本，而且这其中的大部分我都学习了，能够以最快速度学习并取得非常可喜的效果，我是如何做的呢？

刚开始我是人云亦云，别人说哪个好我就学哪个，没有自己的标准也没有自己的计划，因此走了很多弯路，付出了巨大的时间和资金成本，每每想起来都很是觉得心痛。所以在此我想奉劝新手朋友们，刚开始的时候一定要踏踏实实，平心静气学习各种基本理论，这时虽然不能够要求你精通各门分析理论，但是你要了解这行都有哪些分析理论，起码要知道市场中的对手将可能运用哪些理论超越于你。不要小看这个原始积累阶段，这时是很恐怖的，因为你是处于不知道自己什么也不懂的阶段。而愚钝无知或一知半解就进场交易恰恰是新手亏损的最大原因。

这个阶段可以算作了解大概吧。有了大概，接下来的问题是处理细节。

这时期我采取的是针对性学习方式。比如我想学习形态分析，我会把这方面的书都找到一起，然后一本一本学习，总结出共性和个性，最后拿到市场分析验证。这个过程刚开始很难，因为验证中我发现所有的方法都是时好时坏，几乎就不知道怎样做了，很有绝望的感觉。如果哪位朋友到了这个阶段请千万别灰心也不要放弃，能认识到方法的失效恰恰是质变的开始，因为你开始用自己的眼睛看市场了，只要足够专注、足够全面、足够深刻，那么一定会有自己的灵感，而且是不止一个。就像福尔摩斯说的那样，所有事情都是可以解释的，线索也必然存在，这一切只待人们去发现。想起那段日子，我竟然两次在梦中找到答案，这不能不承认是我每天尽可能全面观察市场、寻找细节的报答！

所有的书中，哪本书印象最深刻？

一直以来常常有朋友问我，在我所读过的书中，哪本书印象最深刻。对于这个问题我只能回答说，学习阶段不同，书给我的印象和启迪也是不同。比如：

2000 年 1 月到 2003 年 9 月来长阳论坛前，我印象最深的是《华尔街神童》，但它带给我的是强烈的误导，使我一直处于幻想之中。

2003 年 9 月到 2005 年 4 月来长阳论坛后的交易股票和学习过程中，印象最深的是《高胜算操盘》，它让我第一次检讨和梳理了自己。

2005 年 4 月到 2005 年 8 月学习期货和模拟操作燃料油中，印象最深的是《克罗谈投资策略》，它让我领悟了正确的投资理念。

2005 年 12 月期货实盘操作后，印象最深的是《幽灵的礼物》，它引导我进一步思考和提升。

2006 年 4 月期货实盘和期货学习小有成绩后，印象最深的是《十年一梦——一个操盘手的自白》，它让我第一次认识理性和非理性。

2006 年 4 月到 2006 年末，印象最深的是《成功交易——与金融大师谈投资》，它让我明白要成为一名成功的交易者，洞察力比熟悉的知识更为重要，你必须拥有自己的方法去判断走势正常与不正常。

2007 年 3 月，印象最深的是《在不确定的世界》，它让我知道生活中唯一可以确定的是没有什么东西是可以确定的，也让我了解到当政治和经济产生交集时将会发生什么事情。

2007 年 8 月至今，印象最深的是《对冲基金风云录》，它让我第一次走进基金的世界，让我感到把钱交给别人管理或者管理别人的钱是需要多么慎重、再慎重。

如果让我说经典也许只有很少数，可是不能忽略这些经典的产生是来自于我那些泛泛普通书之中，可以说经典起到的是总结、提炼作用。没有博览群书，是很难领会经典之思想的。这也就是从厚到薄的意思所在吧。

韩山石前辈说得好：读书的道理是说不完的，只有在读书的过程中才能体会出来。体会出来的，才是正经有用的。

然也！

婉　洋

于2008年4月13日

我的意外收获——读《乌合之众》

有句话说：人生充满意外。眼前的这本《乌合之众》就给我很多意外，更给我很多惊喜，我没有想到一本大众心理研究的书竟会给我这么多启迪。细想也是，这本书能够拥有长久的影响力，并成为社会学经典，正如罗伯特•墨顿所说：一定有它独到之处。

那么此书的独到之处在哪里，我的收获又有哪些呢？

1. 关于群体性格和特点

书中如是说：群体不善推理，却急于采取行动。当人们变成了一个群体后，他们的感情、思想和行为变得与他们单独一人时颇为不同，而群体在智力上总是低于孤立的个人。群体没有能力做任何长远的打算或思考，而孤立的个人具有主宰自己的反应行为的能力。

这让我想明白一个问题：为什么成功投机者是孤独的；也让我找到一些专业论坛人气火旺的原因。

正像书中所说，孤立的个人很清楚，在孤身一人时，他不能焚烧宫殿或洗劫商店，即使受到这样做的诱惑，他也很容易抵制。但是在成为群体的一员时，他就会意识到人数赋予他的力量，这足以让他生出不理智的念头，并且会立刻屈从于这种诱惑。这道理和我们的投机操作是多么相似。记得有个朋友对我说，我喜欢来长阳论坛，是因为长阳论坛的良好氛围，这里没有漫天而来的荐股、吹嘘和陷阱，不会影响我的思路和判断。

而那些人气火旺的专业论坛，只要看看他们的热门版块、热门帖子，就可看出他们的群体信仰和强烈需求。书中说，世上的一切伟人、一切宗教和帝国的建立者、一切信仰的信徒，甚至一伙人里的小头目，都是不自觉的心理学家，他们对于群体性格有着出自本能但往往十分可靠的了解。那些专业论坛的成功之处就是抓住了众多投资者无知、无助、急于发财等特点。所以从这个意义上来说，这些论坛的组织者是聪明的。

2. 环境与变化

书中说，一个人终其一生性格保持不变的事情，只有在小说里才能看到。只有环境的单一性，才能造成明显的性格单一性。影响群众想象力的，并不是事实本身，而是它们发生和引起注意的方式。回想起来，我一直得益于长阳论坛，所以我是那么希望论坛能够繁荣昌盛，希望我们的客户群也能像某些专业论坛那样。可是看了这本书，我觉得要想吸收其他论坛的朋友加入我们这里是多么不容易，因为他们的环境已经让他们的观念根深蒂固，他们的性格显然与我们格格不入。因此这个改变并不是一次两次的浏览就能做到的，它实在需要我们更细致、更耐心的持久努力。当然我们论坛的客户资源也不是别人能轻易夺去的。我想真正喜欢读书并受益于读书的朋友，只要在这行，那么他也一定不会离开我们，尽管更多的是默默潜水。

3. 时间的认识

关于时间，作者这样说：时间对于社会问题就像对生物学问题一样，是最有力的因素之一。它是唯一的真正创造者，也是唯一的伟大毁灭者。数百年的作用足以改变一切固有的现象。我记得大家讨论过《股票大作手操盘术》中大作手关于时间因素的理解，我想这段话也许就是大作手一再强调时间因素的意义吧——时间是我们最可靠的主人，为了看到一切事物有何变化，应当让它自由地发挥作用，因为群体的意见和信念是由时间装备起来的。

4. 教育的悲哀

这个话题非常的让我震惊，更让我感到作者的敏锐和伟大，尤其在我国目前的教育机制下。请看作者的观点：学习课程，把一种语法或一篇纲要牢记在心，重复得好，模仿也出色——这实在是一种十分可笑的教育方式。从小学直到离开大学，一个年轻人只能死记硬背书本，他的判断力和个人主动性从来派不上用场。这样的教育既不会使人变得更道德，也不会使他更幸福。

甚至说，掌握一些派不上用场的知识，是让人造反的不二法门。不知那些绞尽脑汁、望子成龙的父母看了这段话是该哭还是该笑?!那些教育机构高层看了又做何感想?!

5. 取得成功的条件

作者说，取得成功的条件是判断力，是经验，是开拓精神和个性。观念只有在自然而正常的环境中才能形成。要促进观念的培养，需要在现实中获得大量的感官印象；他得亲眼看到各种工具、材料和操作；他得身临其境。在不知不觉中获得细节，默默推敲，在心中逐渐成形，并且或迟或早会产生出一些提示，然后着手新的组合、简化、创意、改进或发明。想想看，这是不是教导我们学习操作的过程?!

从前，我对心理学不是很感兴趣，可是通过学习《乌合之众》，我的思想觉悟很多。透过这些文字，我发现自己的知识还很贫乏，尽管我没想做社会学家，但作为一名交易者，这些知识的掌握绝对是增强自己优势的途径之一。

如果哪位朋友想学习心理学，请一定不要错过这本《乌合之众》。用美国心理学大师奥尔波特的话说：心理学领域已经写出的著作中，最有影响者，非《乌合之众》莫属。

婉　洋

于2006年6月17日

再读《十年一梦》的若干思索

第一次拜读青泽老师的书是2005年的5月——《独自徘徊在天堂与地狱之间》刚刚出版的时候。虽然当时本人学习期货还不到两个月，也没有真实的操作经历，但我仍然和广大读者一样被作者的丰富经历和深刻思想所吸引和震撼。我深深感到，能够在作者10年期货交易生涯里一个个真实生动而又发生在我们身边的实例解剖中，学到正确的投资理念——要顺势，不要逆势；要累积获利仓位，不可孤注一掷；要事先做出最坏打算，不可没有止损；要相信自己，不可听信消息等等，实在是难能可贵！

由于头版备受关注，反响甚广，应广大读者要求，《独自徘徊在天堂与地狱之间》经修订、充实后再版，便有了眼前的这本《十年一梦——一个操盘手的自白》。

时过将近一年，我对期货已不是当初的浅薄认识，也有了一点点实战经历，这时再读青泽老师的《十年一梦》，不禁感触颇多……

一、对期货交易背景了解多少？

都说期货市场是一个高度专业和竞争激烈的地方，交易成功率非常低，极少人能做到有始有终。可是试问：有几人在入市前承认这点？又有几人承认自己极有可能是那失败的大多数；有几人事先了解了成功的因素？又有几人解剖了失败的根源；有几人想在涉足交易前去品味成功者那些惊心动魄、痛不欲生的日子？又有几人能做到去深究什么样的信念和行为能够让成功者久经沙场中伤痕累累却仍能傲立于期海之中！

我想，国内缺少这样真实宝贵的学习机会是主要原因所在，而《十年一梦》在一定程度上填补了这个空白，所以《十年一梦》能得到读者强烈反响和热情支持，是顺理成章的。

二、为什么屡错不改？苦尽一定会甘来吗？

有过一定交易经历和经验的朋友们都会知道，交易中导致亏损的原因是我们犯了无数次错误，可是就算是我们有能力了解这些错误，在以后的日子里还是会不断再犯，这是为什么？

书中说：人生的各个方面包括股票、期货的投机领域，一个人的修养和境界，都深深地支配着他的思想和行为，无形之中起着举足轻重的作用。市场交易就是简单的一买一卖，但在这背后，隐含着投机者不同的观念、意识、目的、动机。反映出投机者的价值观、市场交易理论、对待金钱和风险的态度等等。因此市场交易的成败、投机者在金融领域的最终命运，最根本的深层次原因取决于投机者的综合素质，即投机者的人生修养和境界。

记得我曾听江宁说过这样一句话：我们交易的是信仰。这话我很久都不能理解，现在我理解了。这个进步对于我来说十分的重要！一直以来我喜欢这行，也很用功，几乎每天我都坚持十几个小时的看书和复盘，我以为努力学好市场分析，就终有一天会在这行做得很出色。可是实际上并非如此，播种不一定就会有收获。就像作者说的那样：市场经验可以累积，交易技巧和知识可以学习，而一个投机者的修养和境界，则需要有一个长期的培养、追求、领悟的过程！一个高明的投机大师的修养和境界往往和艺术家、哲学家属同层次！

是啊，当我们用心体会市场本质的时候，当我们深刻解剖自己的时候，我们多么感慨自己屡屡失败的原因何止是缺乏交易技术，我们需要具备的品质实在太多太多！正如大作手李费佛所说：投机，天下最彻头彻尾充满魔力的游戏，愚蠢的人不能玩，懒得动脑子的人不能玩，心理不健全的人不能玩，企图一夜暴富的冒险家不能玩。这些人如果贸然卷入，到头来终究是一贫如洗。

三、能做到不受情绪控制去交易吗？

如果问：能做到不受情绪控制去交易吗？我想大多数人都会给予肯定的回答，读本书前，我也是一样。然而事实真相却是大家明明知道，却做不到，包括世界最伟大的投机家杰西•利弗莫尔。其中原因作者这样分析，投机者的行为并不是一直处于理性的支配下，他在市场中的行为具有不规则、不可控制的无意识的一面。有时候投机者很理性，有时候却会受非理性的支配，即便一个修养、境界很高的人，偶然地，也会做出一些非理性的荒唐举动。投机者的智慧和理性并没有足够的力量把人本能的冲动、贪婪的欲望彻底消灭。所以要做到理性，就要先承认非理性。我想这个认识对成功交易意义非常重大。因为只有承认自己的不足，那么才会去想完善措施。比如面对盲目的冲动性交易，我们可以事先界定可参与交易的范围；比如面对无法执行止损，我们可以事先界定这笔交易成功的标准；再比如我们承认没有任何一笔交易是绝对有把握的，那么我们就永远不会孤注一掷！等等。

胡俞越教授在序中说，我们不可能指望期货投资市场所有投资人都成功，但是我们希望中国期货投资者更加成熟。我想，胡俞越教授可以感到欣慰了，因为作者的无私告白已经与众多读者产生了共鸣，很多读者也通过此书而趋向成熟，这是不容置疑的。

婉　洋

于2006年5月21日

《幽灵的礼物》让我向成功更进一步

2000年一个偶然的机会我开始了股票交易。那时，我只是听从他人建议每年买卖一次。虽然总是赔多赢少，可是我从没有去思考这其中症结所在，更没有想去改变这境况。因为在我看来，这不是我的错，只是赚钱的机会没到或是目前运气不佳。如此懵懂无知的日子一直到2003年9月我来到长阳论坛。

两年来，在论坛正确理念熏陶下，在阅读大量投资书籍后，我渐渐认识到自己过去是多么的无知，交易又是多么的充满磨难和奥妙，也掌握了一些宝贵的交易原则。但是有了正确认识，我还是不能流畅、自信地交易，不能达到稳定获利，当然也就不能步入成功交易者行列。迷茫痛苦中我知道自己还欠缺着什么，为此，我苦苦探索着……终于在今天，《幽灵的礼物》给予了我众多宝贵指点。

《幽灵的礼物》说：交易是一个限制损失的游戏，你必须明白、接受市场的现实，排除情绪因素，尝试创新，独自做出决策。唯有把损失控制在很小的一个范围内，每次赢时赢到尽，你才会成为优秀的交易员。为此，这本书制定了三个交易规则。

其一，如果交易没有被证明是正确的，就要尽早平仓。虽然这样做不会总是正确的，但可以保证你能够在这个游戏中生存，而且在清仓之后我们完全可以再重新建仓。

刚开始接触这个规则，我几乎完全不能理解。后来，幽灵的这句话提醒了我：根据你的计划，你自己应该知道什么是“正确”。这让我想起我在不久前的空豆经历。在那次交易中，我似乎不自觉地遵循了幽灵的这个规则。那是2005年的7月，我一直在观察豆的走势，当时美国大豆11月合约在7月1日出现反弹，根据顺势操作原理，这天可以逢低做多买进。可是随后，它的上涨只持续了两天，这就给我一个危险信号。我认为如果前面4天的下跌是正常回调，那么这时不应该再回调整理。更不能让多头放心的是，以后几天的上涨直至7月15日都没能创出新高，这时多头还在痴等止损出局，未免过于教条和迟钝，何况此时要做的是不仅多头出局，更要为空头开仓做准备。凭借外盘豆20多个交易日的萎靡表现，我判断它破位下行是大势所趋，因此7月20日我在内盘豆11月合约上开出了我期货交易的第一笔空单。虽然表面上这笔交易我遵循了幽灵的规则一，但是扪心自问，我当时并没有领略幽灵的思想，我本身也根本没有具备敏锐和直觉的判断能力，而且我的计划里面没有包括对任何可能性的自我保护。因此这笔交易的成功很大程度是运气使然。毕竟在我们的交易中，总是充满着各种不确定性，克服情绪，保护自己永远是重中之重。

其二，在市场朝着对你有利的方向走来的时候，你必须有一个具体的增加筹码的计划，以使自己在进入趋势明朗的市场时，能有较大仓位来保证更多的盈利。

对于加码，稍有一些经验的人都会理解并可以做到，这的确不是新鲜事。但是要想做到幽灵所说的，根据预期价格变化，在仓位被证明是正确以后，按照交易计划进行加码，并且不要加在顶部，却不是简单之事，这需要我们有丰富的看盘经验和正确的执行方法。我学习期货只有7个月，交易经验几乎是空白。但幽灵再次以其睿智之言点醒我，他说：只有当我们的所有仓位都已经加码后，我们才可以说已经完成了建仓，也就是说他把加码当做建仓看待。听幽灵如此一说，我豁然开朗。既然是建仓，我又怎么可以在上升(下降)趋势中，即将面临重要阻力(支撑)位时继续建仓呢？而且幽灵还指出，在交易的任何时候，规则一必须始终被遵守，包括在你加码的时候，以避免你的交易跟着市场掉头反转。回想我在7月开始进行的空豆交易中，我不止一次为考虑加仓失败如何出局(是部分还是全部)而感到苦恼和迷茫，此时这个难题也终于得以化解。

其三，把握时机，尽收利润。幽灵指出，我们交易的核心，是尽量减少损失，实现利润。因此在正确地运用规则一和规则二的前提下，还要能在正确的时间内尽可能利用直觉套现。有心的朋友一定还记得我在《股票作手回忆录》读后感中提到：杰西•利弗莫尔的获利了结更多的不是在趋势确认结束时，而是在极度疯狂时。当时，我并没有认识到这个观察结果对于我有多重要。可是今天，当看到杰西•利弗莫尔的套现做法和幽灵的观点如此相通后，我明白了！这是我必须要培养和掌握的技能，因为市场并不总是正确的。唯有先知先觉、反应迅速，方能在交易中做到主动、自信和流畅。

然而，如幽灵所说，交易并不是简单的学习规则，如果没有拥有赢者心态,没有养成良好行为习惯，那么再好的规则在使用中也会被扭曲。事实的确如此。回想刚步入这行的日子里，我何尝不是每天想着轻易大赚一笔，而看不到其中的莫大风险；回想每次建仓，我何尝不是更多地期望获得盈利，而极少专注保护自己；回想当持股出现不利情况时，我何尝不是心存幻想，而没能当机立断；回想每次套现后，我何尝不是认为自己可以卖个更好的价位，而常常感到懊悔；回想面对挫折和失败,我又何尝不是想着放弃,而忘记这是成功的必要考验呢?！对此，幽灵告诫我们，认清自己比其他任何事情都要重要，因为交易中最大的敌人是我们自己！贪婪、恐惧、急躁、失控、没有防备心和过度自我等，都很容易让我们忽略市场走势而导致错误的交易决定，因此这个素质培养过程将是一生一世。

回顾《幽灵的礼物》一书，幽灵能以如此谦逊、真诚、负责的态度引导我们正确思考，十分难能可贵，也让我深深感动。可是，如同新生事物的初次出现总是要受到质疑和排斥一样，这本创意新颖、极具开放式思维的书的推出，自然也没能得到每位热爱读书朋友的深刻领会和理解。虽然这属正常，但是在此发表读后随感之际，我还是想对那些抱有怀疑和排斥态度的朋友们说：如果你们认同杰西•利弗莫尔这番话，“在市场告诉你之前，你就能先知先觉地感觉到自己是错误的，这是一种相当高级的判断力”；如果你们了解索罗斯与众不同的最大能力，就是他能够做到很快察觉过错；如果你们承认识别市场微妙变化的能力造就了专家级交易商,那么请千万不要放弃学习《幽灵的礼物》,不要拒绝接受规则一。因为幽灵的伟大和高明之处就是绝妙地将敏锐和直觉进行了规则化，而且他始终没有教给我们具体的操作方法，也更是体现了幽灵的睿智之处，要知道敏锐、直觉的培养以及正确感悟市场运动正常与否，是一个自我发现的过程，也是一个非常个人化的经历，这个方法不是哪个人、哪本书可以传授的，它必须来自我们每个人的创造式学习。如果说交易世界充满艰辛和挑战，那么这个敏锐和直觉的培养过程应该是最能体现这其中滋味的，也正是这个过程分出了平庸与出色！由于行动、成功与否，全在于交易者本身，所以幽灵唯有指出方向，并用规则加以规范。

曾有人说，最好的书是那些能够帮助交易者正确思考的书。从这个意义上来说，将《幽灵的礼物》称之为好书，称之为交易的佳酿、生命的盛宴，当之无愧！它不仅值得我们去读，而且还要通读、细读、反复读。通过读书再结合实践，不知不觉中你一定会发现什么是最有效的——它会让你向成功更进一步。

婉　洋

于 2005 年 11 月 1 日

读《高胜算操盘》走向赢家

在充满智慧和竞争的资本市场中生存下来已是不易，能做到脱颖而出成为赢家更是难得！那么，成为赢家的步骤和奥秘是什么？《高胜算操盘》给出了答案。

《高胜算操盘》是一本教导我们如何培养成功交易者心灵构架的书。作者马赛尔·林克以细腻、负责的口吻，通过阐述自身的惨痛经历和其他交易员身上的真实案例，让我们判断和掌握交易生涯中哪些事情该做，哪些事情不该做；通过讨论成功交易者最重要的各种素质和相关问题，帮助我们掌握胜算，学习避免已知的缺失。不仅如此，在每章结尾处，作者又特别以总结摘要形式引导我们辨识与交易相关的长处和短处，以帮助我们早日踏上赢家道路，可见作者之用心良苦。

众所周知，金融交易很简单，任何人只要有几千块钱，就可以开始。可是事实真相却是，在所有商品交易者或股票交易者中，大约有80%处于亏损状态。面对这个结果，太多的失败者和旁观者或者抱怨市场不公，或者认为从来就没有人能够在市场中稳定获利，却很少有人去反省和深思发生亏损的行为与原因。更为严重的是，这些恶劣的负面舆论严重打击我们信心的同时，更挡住了我们正确看待市场的视野。我当然也不例外一直处于半信半疑中。直至《高胜算操盘》的出现，我一下子被深深吸引。书中全面、深刻、细致地分析几乎梳理了我整个头脑，我初次意识到自己原来竟有那么多有关交易的误区和盲点。然而这又何尝是我个人的误区和盲点，有足够的理由说明这几乎是每个失败者和迷茫者的误区和盲点。例如，我们把交易看得过于简单；

把自己能力估计过高；没能认识学习和交易的代价；不断重复相同的错误；缺乏长期抗战的信念；不懂得也不会制订交易计划；不了解交易工具原理；没有得心应手的交易工具；不知如何正确判断高胜算和低胜算交易；轻视纪律规范的重要性等等。值得一提的是，书中的这些理念都来自于睿智先贤的漫长努力，作者于1990年开始从事交易以来，连续7年都赔钱，1998年之后才出现关键性的转变，这经验显然是万分珍贵。

美国思想家乔治•克拉森曾说：没有思想的行动不是聪明的行动，没有理智的思想不是高明的思想。成功向来只属于那些有准备的头脑。《高胜算操盘》无疑会帮助我们拥有一个理智的思想，助我们踏上赢家成功之路。因此我认为，这本《高胜算操盘》是必读之书、进阶好书。每位有志成为交易赢家的朋友都当学习之，悟之。

当然，如作者所说，《高胜算操盘》一书很难拟定一张清单，列举交易成功的充分要素，金融交易也不是阅读一本《高胜算操盘》就能精通的玩意儿。但我十分认同作者的这个观点：如果了解如何掌握胜算，能够克服自己情绪干扰，拥有充分的决心与意志，而且愿意辛勤工作、不断练习，那么每个交易者都能够摸索出属于自己的成功门道，以至加入赢家行列。

不过，作者所阐述的五个篇章并不是得到我同样的热爱，相对来说，我更喜欢第一篇、第四篇和第五篇，我感到这三个篇章比其他两篇给予了我更多的思想改观，一方面让我深切明白赢家之道在于清醒的头脑、周密的计划；在于及时的行动、合适的地点。一方面让我在今后的交易生涯中永远不会埋怨他人。一如作者所说：如果操作绩效不理想，那是你的责任，不是别人的错；如果价格撮合不佳或赔钱，那是你的错，不要怪别人；如果有人误导你，那是因为你相信他；如果自己表现欠佳，不要找借口，不要推卸责任。否则，你就不会进步，因为你不认为自己有错，所以也不需要改正。如果你想成功，就承担起亏损的责任，不要怪罪市场或他人。

记得著名思想家弗兰西斯•培根说过这样一句话：书籍好比食品。有些只须浅尝，有些可以吞咽，只有少数需要仔细咀嚼，慢慢品味。我想，《高胜算操盘》该归属于后者。

婉　洋

于 2006 年 4 月 25 日

《股票作手回忆录》之逆向投资策略

《股票作手回忆录》是界内公认的交易经典。近百年来，无数金融专业人员和交易员通过阅读这本书，掌握了顺势投资策略，并由此走向成功之路，这是不可否认的，本人也无意重复。今天，我想探讨的是书中主人公杰西•利弗莫尔运用的另一个策略——逆向投资策略。

“1906 年春天，杰西•利弗莫尔在大西洋城度假。和往常一样，杰西•利弗莫尔和朋友来到一家公司看股票行情，这时的市场是处于多头的，强劲而活跃，大部分股票都在上涨。忽然，杰西•利弗莫尔看到联合太平洋铁路，觉得应该卖出这只股票，而且没有任何放空理由。于是他以市价卖出 1000 股，不久就卖出第二笔 1000 股，然后第三笔 1000 股……”

如杰西.利弗莫尔自己所说，在整个市场十分强劲，又没有任何理由的情况下，放空这么多股确实太过分了。可是这真是他自己说得那样毫无理由的尝试抓顶吗？不！我认为他显然是因为强烈感受到大众的看法已达到极端不合理状况，于是他才反其道而行之——运用逆向投资策略，进行了这英明操作。这点可在书中这句话看到端倪——“我挑中联合太平洋铁路，是因为这只股票被人渲染得这么厉害”。

行为金融学指出，投资策略主要包括逆向投资策略和顺势投资策略。逆向投资的基本逻辑是:如果群众持有某种看法,而且每个人都根据那个看法采取行动,那么市场上就没有新资金可以继续推动股价朝那个方向前进，那么此时利用极端意见,就很有把握从中获得巨大利润。

在当今交易理念日渐成熟之时，众多的假突破日益增多之际，作为一名合格、出色的交易者只运用顺势交易策略显然有些不足，因为归根结底获利的能力是基于摆脱人类的偏见或者其他弱点。但是要想自如运用逆向交易策略，也不是简单之事。它需要保持视角的多样性和灵活性，需要从人性角度和现实角度观察问题，需要合理的资金管理方法，需要严格的执行操作能力，更需要打破常规的莫大勇气！因为当市场大众意见趋向一致时，它在短期内推动的力量是极其快速和巨大的，一旦交易者无法承受这压力，那么极有可能又会随大众趋势而行。

对此，杰西•利弗莫尔给我们做出了榜样。

“在杰西•利弗莫尔加码空单的第二天，公司传来了旧金山大地震的消息。关于对消息的反应，权威人士趋向一致的观点为：不要管消息是好是坏，而是要看市场的反应。意外的是，面对一场可怕的大灾难，杰西•利弗莫尔面临的股市并没有反映真实的状况，开盘时仅下跌了几点。这时杰西•利弗莫尔坚信：‘大盘并非总是立刻就说真话’，因此他继续保留着空单。让人敬佩的是，在隔天传来了完整的报道以后，在市场反应仍没有应有的那么强烈的情况下，杰西•利弗莫尔仍坚信自己的信念并再次加码放空一倍。不久，市场终于反应了现实，这时杰西•利弗莫尔全部回补，短短几天赚得了极大的利润。”

当然，我国股市没有做空机制，但这不能是拒绝学习逆向投资策略的理由。一方面在识别趋势转折点的时候，我们需要运用逆向思维去分析大众情绪；另一方面，我国股指期货的推出已指日可待，届时做空手法将大有用武之地。因此掌握逆向投资策略无疑是我们走向成功的又一法宝，毕竟众人常是错误的，至少在重要反转时刻。

如何掌握逆向思考策略？我们可以尝试从以下两方面入手：一是训练自己深思熟虑的习惯，锻炼自己选择同普通大众相反的意见；二是根据当前事件的具体情况，以及人类行为模式的当前表现来推敲自己的结论。需要注意的是，思维过程中，我们一定要避免一厢情愿和先入为主的成见。同样，这个过程很难，但却值得。美国头号“逆向思考者”汉弗来•B•尼尔说得好：当所有人想得都一样时，可能每个人都错了。有理由相信，不管是谁，只要在适当时机遵循逆向思维路子行事，一定会做得更好。

每当事情看起来最肯定的时候，大师知道它们一定非常不肯定。我想，这该是杰西•利弗莫尔所运用的逆向交易策略的精髓吧！

婉　洋

于 2006 年 4 月 8 日

《巴菲特与索罗斯的投资习惯》之退出策略的重要性和必要性

继《乌合之众》《幽灵的礼物》《十年一梦》之后，《巴菲特与索罗斯的投资习惯》是引起我震撼的又一本书。书中大师的思考习惯和思考方法给我很多重要启迪，那份惊喜和收获不能让我无动于衷。于是便有了这篇短文——退出策略的重要性和必要性。

在书中，首先，我发现巴菲特和索罗斯等大师都拥有属于自己的退出策略，他们从不会在不知道何时退出的情况下就投资；其次，大师的退出策略来源于他们的投资标准，他们始终凭借自己的投资标准不断评估投资的进展，他们知道应该在什么时候兑现这些利润或接受这些损失；第三，大师的退出策略都是不带任何情绪色彩的。他们关心的不是他会在一笔投资中赚多少或赔多少，他只是遵循他的系统，而他退出策略只不过是这个系统的一部分罢了。

记得论坛会员争议最多的《幽灵的礼物》规则一说道：如果交易没有被证明是正确的，就要尽早平仓。一直以来大家都觉得理解并执行这个规则很难，那么请看作者马克•泰尔在《巴菲特与索罗斯的投资习惯》的分析：投资标准不完善或没有投资标准的投资者显然无法采用退出策略，因为他无从判断一个投资对象是否符合他的投资标准。另外，他在犯了错的时候也不会意识到自己的错误。一个没有系统的投资者，是不会有任何系统生成的目标或出售信号的。正如前辈们所说的那样，市场现象非常复杂，经常造成误解，除非我们能够透过一种清晰而系统化的程序评估不同的特性。而这方面的欠缺正是我们屡受愚弄、任人摆布的主要原因。因此唯有我们拥有了来自于自己的投资标准，我们才不会被是否兑现利润或接受损失的紧张情绪所支配。而当有一天我们的头脑习惯了深思熟虑，当我们能够根据眼前的事实推敲自己的结论，当我们能够知道在任何情况下如何进行下一步，我们又怎能不实现成功的交易?!

关于退出策略的制定，我个人认为这没有统一标准，它是属于个性化的范畴，必须来自于自己的理论知识、实战经验和操作灵感。因为有些情况是预料中的结果，更有很多情况是预料外的结果，面对这样的多体问题，我们唯一可做的就是尽可能预想各种结果出现后的应对措施，这显然涉及训练的问题。关于这点要注意，我们不能仅仅是根据当前的盘面或者自己目前的投资品种来制定退出策略，因为这样训练的时间和资金成本太大。同时我们还要根据历史走势来制定符合自己投资标准的退出策略，不要小看这个方法，使用中你会发现你的投资标准会遇到好多的障碍，而这些障碍将会很好地磨炼你的意志和积累你的经验。当然这个能力培养过程很是艰难，可是既然我们无论如何都要行动，都回避不了兑现利润或接受损失的决策，那么我们也只能迎难而上。

终有一天，当我们也能自豪的像布鲁斯•柯凡纳那样说：在我进入之前，我就知道何时退出了。那么我们将会在交易中拥有极大的优势，投资业绩也一定会上升到新的层次，因为我们也具备了大师的投资习惯——持有赢钱的投资，直到事先确定的退出条件成立。

婉　洋

于2006年11月9日

附录二　期货学习推荐书籍

(一)期货入门书籍

①《期货市场技术分析》　作者：(美)约翰•墨菲

②《日本蜡烛图》　作者：(美)史蒂夫•尼森

③《克罗谈投资策略》　作者：(美)克罗

④《炒股的智慧》　作者：陈江挺

⑤《期市看盘攸关》　作者：七翁

推荐理由：即查即用，解决交易学习中实际问题，属工具类书籍。

(二)期货晋级书籍

①《聪明投资——如何利用经济枯荣循环获利》作者：(美)乔治•达格尼诺

②《史瓦格期货基本分析》　作者：(美)杰克•史瓦格

③《经济学原理(第5版):宏观经济学分册》　作者：(美)曼昆

④《成功交易——与金融大师谈投资》　作者：郭鉴镜

⑤《巴菲特与索罗斯的投资习惯》　作者：(澳)马克•泰尔

⑥《牛市熊市与百万富翁——交易生涯的战斗故事》

作者：罗伯特•考皮尔

⑦《超级短线客》　作者：(美)弗雷德费帝，(美)韦斯特，(美)伯顿

⑧《幽灵的礼物》　作者：(美)阿瑟•L•辛普森

⑨《专业投机原理》　作者：(美)维克多•斯波朗迪

⑩《驾驭市场——优秀交易商是如何造就的》

作者：(美)詹姆斯•道顿，艾立克•琼斯，罗伯特•道顿

⑪《解读期权》　作者：(英)罗伯特•汤普金斯

⑫《期权与期货市场基本原理》　作者：(加)约翰•郝尔

⑬《逆向思考的艺术》　作者：(美)汉弗莱•B•尼尔

⑭《十年一梦》　作者：青泽

推荐理由：传授交易技巧、交易策略以及交易理念，引导形成交易哲学，属应用类书籍。

(三)期货顶级书籍

①《热门商品投资》　作者：(美)罗杰斯

②《超越金融:索罗斯的哲学》　作者：(美)索罗斯

③《股票作手回忆录》　作者：(美)李费佛

④《金融怪杰》　作者：(美)杰克•史瓦格

⑤《对冲基金顶尖交易者如何从全球市场获利》

作者：(美)卓布尼(Drobny，S.)

⑥《对冲基金——顶尖交易员操盘案例》　作者：(美)克西纳，(美)凯斯勒

⑦《对冲基金风云录》　作者：(美)巴顿•比格斯

⑧《非理性繁荣》　作者：(美)希勒

⑨《与风险为敌——风险探索传奇》　作者：(美)彼得•伯恩斯坦

⑩《黑天鹅效应——你身边无处不在的风险与恐惧》

作者：丹•加德纳

⑪《逃不开的经济周期》　作者：(美)费希尔•布莱克

⑫《华尔街的智慧天才》　作者：(美)佩里•梅林

⑬《在不确定的世界》　作者：(美)罗伯特•鲁宾

⑭《格林斯潘回忆录——动荡年代：冒险新世界》　　作者：（美）格林斯潘

推荐理由：启迪心智、激发斗志，属提升类书籍。

(四)期货读书三部曲

1. 选书

在所有与交易相关的书中，不外乎有三种：一种是工具方面的，一种是实际运用方面的，一种是精神食粮方面的。如何在众多的书中加以明智选择？

(1)“读第一流的书”。在浩如烟海的众多图书中，只要保持谦逊好学，多和同行朋友切磋探讨，多去先进的网站学习浏览推荐书目，那么经过大家认真的筛选和比较，你一定会发现，属于交易领域中的第一流代表著作有哪些。只要熟读这些著作，你就可以领略交易领域的全貌，了解其前沿和发展以及参与者所需要的技能和素质。

(2)“读第一流作者的书”。所谓第一流的作者，是指在交易领域中有着成功与失败的交易经历和交易经验的作者。他们在书中所展示出来的，是他们真正的专长和经验总结，而不是没有经过实践的所谓诀窍。读他们写的书，不仅能够全面准确地了解交易员的成长历程，还能从中找到自己的努力方向。关于对作者的了解，可以从作者介绍以及书中内容获得。

(3)“不加约束”。不只看一家之书；不只看本专业的书；不只看与自己相同观点的书；不专看本国书，而是要广泛猎取，多方吸收。日久天长，方可臻善臻美，精深博大。

2. 读书

选到了好书后，能否快捷地积累知识、提高分析问题和解决问题的能力、不断走向发展创新，关键在于掌握科学的读书方法。

(1)了解大概、快速阅读。当我们看到一本书后，首先，进行略读或预读是进一步学习的最好办法。因为当时你并不知道这本书是否值得自己细读，通过略读你会发现是否值得一读，或者是否适合现在去读。其次，在第一遍阅读时，不要试图理解书中的每一处，不要害怕读得很浅，即使对最艰深的书，也可快速地通读它一遍。这样，在第二遍阅读时才能收到良好的效果。

(2)了解真相、广泛阅读。虽然不能够要求你精通各门分析理论，但是你要了解这行都有哪些分析理论，起码要知道市场中的对手将可能运用哪些理论超越于你。不要小看这个原始积累阶段，这时是很恐怖的，因为你是处于不知道自己什么也不懂的阶段。而愚钝无知或一知半解就进场交易恰恰是新手亏损的最大原因。

(3)提出问题、接受阅读。根据自己的了解和学习的需要，对同类书、对每一本书中各章节的标题以及章节承上启下的内容，一边粗读一边提问，以使阅读文章的目标具体、明确。比如，学习形态分析，就把这方面的书都找到一起，然后一本一本学习，总结出共性和个性。

(4)走出框框、创新阅读。创新阅读是指带着提出某些新见解的目的去发现以前未曾有过的答案，或者对书中原有观点提出质疑，能超越作者本意，产生创造性结论的阅读。我们读书时，常常徜徉在惊叹感慨的世界里，只觉得它很神，却说不出它为何如此，这说明还停留在“知其然而不知其所以然”的必然王国。所以明白了文章原意之后，要探究一下作者对某一人生体验的表达底蕴和表达这种底蕴的艺术方式，将感悟到的奥秘转化为可供交流的语言(文字)，这样才会实现读书的优化效应。也只有完成这样的转化，才能获得观察市场的同化、人格品质的升华和交易能力的提高。创造性阅读是阅读活动的最高级形式，也是最困难的一种形式，它不仅要求我们具有阅读能力，而且还要必须从几个不同的角度显示出读物之间的关系。因此良好的创造性阅读是一个充满活力和创造欲望的过程，因而也是令人振奋的阅读活动。

3. 用书

读书的目的在于使用。光读不用，充其量不过是一本“书”。

(1)知识消化。要把书上的知识变为自己的真知灼见,就必须把书上的理论知识同自己的经验相结合,变成自己的知识；同时也要做到既能“钻进去”，又能“出得来”；既能“意会”，又能“言传”。使感知、记忆、思维想象等各种心理活动协调起来，从提高感知功能，增强记忆，锻炼思维，发挥想象，培养兴趣等方面，加强联系，密切配合，强化读书效果，达到提高读书功效的作用。

(2)测试验证。对于我们所持有的观点，无论是来自于书中，还是来自于自己的创造性发现，在实战交易运用之前，都要经过历史数据以及当前一段时期的具体测试后，方能运用。这个过程刚开始很难，因为验证中你会发现所有的方法都是时好时坏，几乎就不知道怎样做了，很有绝望的感觉。如果哪位朋友到了这个阶段请千万别灰心，也不要放弃，能认识到方法的失效恰恰是质变的开始，因为你开始用自己的眼睛看市场了，只要足够专注、足够全面、足够深刻，那么一定会有自己的灵感，而且是不止一个。就像福尔摩斯说的那样，所有事情都是可以解释的，线索也必然存在，这一切只待人们去发现。

(3)科学量化。要把在读书及测试过程中所形成的理念和操作方法具体运用在实战交易中，最需要注意的就是要把你的理论和方法进行科学量化。比如在期货交易中，很关键的环节就是出入市时机的选择。那么你的方法就一定要有具体的数值标准来告诉你这个时机即将来临或者已经来临，这对你的操作绩效以及心态控制至关重要，也只有到了这个时候，你才会真正理解：交易既是艺术，也是科学的道理。

婉　洋

于 2008 年 10 月 6 日

附录三　我的学习经历

我接触交易这行是在1998年，真正开始交易是在2000年。当时我家还没有电脑，身边也没有做股票和期货的朋友，所以学习交易只能是通过电视或几本书进行。那时我信奉和遵循的是巴菲特的投资理念：每年买卖一次，也即所谓的长线投资。最崇拜的书是《华尔街神童》，书中给我最大启示的是这样一句话：如果你不能忍受你的股票下跌50%，那么最好不要涉入这行。正是偏信了这句话，因此我买的股票尽管跌了很多，我不仅若无其事，反而有些洋洋自得，觉得自己心态好。而且每次被套心里还抱有幻想，认为每个股票都有庄家在里面，庄家是不会赔钱的，起码年底会有个拉高出货的过程，因此一定要耐心等待(当时我把大智慧行情软件中的F10资料当作自己的操作指引)。这样的错误理念整整陪伴我3年，直到我来到了长阳读书论坛。

2003年8月30日，我刚学会上网不久。有天晚上我在网上闲逛的时候，发现了长阳读书俱乐部的聊天儿室，由于我喜欢读书，于是就进去了。当时聊天儿室有10多人，一个名叫趋势线的朋友正在讲他做期货的交易经历，他讲了很久很久，精彩极了，尤其让我感动的是，大家听得特认真，特投入，完全没有别的聊天儿室那样哥哥妹妹的无聊挑逗，这使我非常感动！为了欢迎我这个新朋友，他们用最真诚的口吻向我介绍了长阳读书俱乐部，引导我去论坛注册，让我成为了论坛的一名会员。

在论坛最初的日子里，我第一次知道原来交易这行竟然有那么多的书要读(这之前我记忆中的书只有《笑傲股市》《股市趋势技术分析》和《华尔街神童》)，我猛然发现自己原来是那么的无知。尤其看到论坛读书交流和实战交流的前辈们充满睿智和谦逊的帖子，我简直佩服得不知所措，甚至连谢谢都不敢说，因为我怕人家笑话我。

经过近一个月的论坛学习浏览以及聊天儿室语音交流，我终于决定要买书了。因为自己当时十分浅薄又充满野心，因此第一次购书选的层次很高，这些书是：

①《交易冠军》 (美)马丁·舒华兹
②《投机生涯》 (美)维克多·尼德霍夫
③《冷静自信的交易策略》 (美)理查·迈克尔
④《大众心理与走势预测》 (美)托尼·普卢
⑤《华尔街操盘高手》 (美)施威格
⑥《与天为敌》 (美)彼得·伯恩斯坦
⑦《股市大众心理解析》 (美)卡尔基·林兰
⑧《股票技术分析新思维——来自大师的交易模式》 (美)瑞克·本塞诺
⑨《欧奈而证券投资24堂课》 (美)威廉·欧奈尔
⑩《直觉交易商——开发你内在的交易智慧》 罗伯特·库佩尔
⑪《格林斯潘传》 (美)莫里卡·克罗

当我等到日盼夜盼的书后，我傻眼了，这些书我一本都看不懂！当时我的感觉是上当了，我竟然相信网络的简单介绍买了一堆垃圾回来。要知道这以前我可是把自己的盲目交易和直觉交易划做等号的，我一直以为自己和交易冠军仅一步之遥。

现在想来这是多么愚蠢和无知啊！这些书甭说新手，就是有很多年交易经验的老手也未必能够领会和理解。而我的交易不仅和直觉交易挂不着边，连起码的专业性都不具备，可以说完全是凭着模糊不清的基本面概念或者股评家的建议入市而已。

有了第一次的“上当”感觉(书中没有我所盼望的秘籍和技术)，以及受聊天儿室朋友们的影响，我随后的两次购书方向出现了大转变，购买的大都是盘面技巧及短线秘诀之类的书。如，《盘口内经》《布林线》《战胜华尔街》《投资正途——大势选股买卖》《短线交易秘诀》《江恩华尔街45年》《艾略特波浪理论——市场行为的关键》《短线必杀——职业操盘秘诀》《克罗谈投资策略》《战略》《主控战略K线》和《通向金融王国的自由之路》。

然而，这些书仍没有带给我实质性帮助，这主要原因是我的思想观念没有转变。但是这段时间我却付出了几年来最大的学习代价，为了能够听到某个高手的看盘秘诀或者读书感想；为了巴结到网络高手，以便得到真传，我每天都要在聊天儿室待到后半夜，有时甚至是彻夜不眠。

由于长时间的上网和睡眠不足，我的眼睛和皮肤受到了很大的伤害，可是，这还不是最可怕的，最可怕的是由于我听信一个我所崇拜的高手之言，高位买的股票，短时间之内让我全部资金损失了一半，这极大地打击了我的信心，很长时间我都不知道如何是好。

也就是从这个时候开始，我渐渐对聊天儿室失去了兴趣。我发现聊天儿室并不是学习的好场所，虽然当时聊天儿室人气还是很好，但是它更多的是招会员或者有其他目的的人的广告发布地等，一个不小心，哪个朋友就会成为他们的囊中之物。而且因为聊天儿室人员素质的参差不起，作为聊天儿室斑竹的我，根本无法统一大家的思想，心平气和地交流某个问题或者某本书。对于我来说，大量的时间投入并没有获取应得的成果，因此我向长阳坛主提出了辞去聊天儿室斑竹的请求。

把主要精力从聊天儿室转到论坛后，我的视野渐渐开阔起来。无论买书方向和读书学习都取得了明显进步。不知不觉中我养成一个非常好的习惯，就是每读完一本书，就来论坛搜索相关的读书交流帖子，以求得自己对书的进一步理解和消化。当然，每看完一个帖子我都会对楼主表达自己的谢意。

可是时间久了，因为我总是不停地说谢谢，老会员们就提出了这样的说法：你为什么总是不表达自己的想法呢？

其实我很想说说自己的想法，我也想证实一下自己的看法正确与否，但是我实在是不敢说，直到发生了这样一件事。

2004年1月，长阳论坛的读书顾问亢龙有悔发表了一篇名为“《笑傲股市》——捕捉黑马的瞄准器！”的文章。文章写得非常好，尤其看到他的这段文字：

在新版第四章，欧尼尔调整了股票股本大小对股票表现的影响。他指出，由于开放式基金等机构投资者的壮大，一些质地优良的大盘股得到充分的买盘，也能够有很好的表现。前期的沪深股市，就出现了大盘股领涨的局面。事实上，像汽车、钢铁、石化、电力、有色金属、航空运输等行业，也不大有小盘股票。不过我们注意到，在这些大盘股云集的行业中，一些股本相对小的股票，仍然受到供需关系的影响，涨势显得更有生气。如汽车股中的长安汽车、钢铁股中的凌钢股份、石化中的扬子石化等。书中提出了要注意跟随机构投资者，这对于国内股民可不陌生，俗话说：股不在好，有庄则灵。不过，经过两年熊市洗礼，特别是开放式基金力图主导大盘走势以来，一些以往的“庄家”机构，如今已经成为“大散户”，许多机构资金集中在少数的领域内，形成了“你中有我，我中有你”的“无间道”局面。这种多家机构共同持有的股票，比起独庄的股票，流动性更好，其价格显得更有真实性。不过，由于机构间博弈，使得一些以往常见的洗盘手法，出现的少了——因为那些手法对于机构之间，效用可能不是太大。取而代之的是股票走势在短线超买超卖的震荡中寻找平衡。所以投资者要放长眼光，当一只股票在中长线潜力较好的情形下，不要被短线的波动迷惑。但当行情一旦确实发转，跌势往往较急，因为其中的任何一个机构所持有的股份都只是总股本的一小部分，在跌势初期，没人愿意出来护盘。这就要求我们只有在适当的时机才能介入一只股票，以提高胜算。第三章P25页“买进的最佳时机是：在一轮多头行情中，股票价格刚刚开始突破盘整区向上迈进的那一点”，这和旧版“当股票由涨势修正逐渐启稳，进而迈向新高时，正是考虑买进的最佳时刻”的译法有些区别，但二者并不重复。作者提出了一些理由及方法，来说明为何和如何买进领涨股而不是买补涨股。在一轮上涨行情中，可以把股票分三类：第一类是带领大盘上涨的；第二类是跟随大盘上涨的；第三类是拖大盘后腿的。显然第一类最好。所以一轮行情出现时，投资者应努力寻找领涨股，而不是其他。所谓识时务者为俊杰，如果此时非要做把反弹，打一枪就跑，那可就把力气用错地方了。在《股票大作手操盘术》中也有一章是讲“追随领头羊”，两本书侧重点不同，可以对照看看，很有益处。

我忍不住说道：“龙先生的细致、专研精神让俺很受启发，敬佩！向你学习！谢谢！”

但是亢龙有悔并不领情我的称赞，而是善意指责我说：“我记得已经有人批评你光知道说好话，所以你要发表自己的看法才行。”

他的指责让我好难堪，也很震动。鉴于我曾得到亢龙有悔的很多无偿赠书以及读书指点，我觉得自己不该再沉默了，因此我一口气写下了来长阳论坛的第一个专业回帖。

在给亢龙有悔的回帖中，我这样写道：

看到这段话，俺的脸都红了，感到很不好意思。

不错，有的时候俺的确有不同的想法，每当这个时候，俺很想表达出来，可是由于自己尚在摸索之中，既没有更多的实战经验，也没有出色的成绩来说明问题，于是俺在更深层次的技术或读书交流中，除了礼貌的对朋友表达谢意之外，很少很少发表自己的看法。另外还有个原因，我实在很害怕有人说不好听的话攻击我，记得当初我刚来时，就被人臭了一次，虽然是在网络，可我却感觉像是在现实中一样，非常的难堪和难过……

今天，既然龙先生指了出来，那么我斗胆说说，也不枉龙兄送我那么多书。

还是在几年前，我看了《笑傲股市》(头版)，虽然那时我刚刚对股市感兴趣，可是这本书还是深深吸引了我，看了不止一遍，感觉股市赚钱很容易，更梦想着自己有朝一日也能成为百万富翁。不过，当时有好多地方我不得其解，比如为什么要勇敢地买进创新高的股票，什么叫有柄的杯子等等。

几年后的今天，我想说，这位伟大的欧尼尔先生在前言里(头版)说得太乐观了，具体的说法我忘记了(因为此书早已不在我手里)，其实这个地方绝不是让每个人赚钱的，更多的人是来送钱或送死的。如果你没有严密的独立分析、解决问题的能力，不能认识到自己的弱点，无视市场的残酷和深奥，没有持之以恒的学习毅力，那么，仅仅听听股评，买个消息，或看一些书，根本就是无法生存下去的。就像这本书，龙先生看得那么细心：“在新版第四章，欧尼尔调整了股票股本大小对股票表现的影响。”“在一轮多头行情中，股票价格刚刚开始突破盘整区向上迈进的那一点”，这和旧版“当股票由涨势修正逐渐启稳，进而迈向新高时，正是考虑买进的最佳时刻”的译法有些区别，但二者并不重复。”

我想，能看到并加以合理的分析的人一定很少，这也是很少人赚钱的原因之一。也是我佩服你，向你学习的一个理由。

昨天，我看了所有的走势日线、周线图，竟然还是没有找到“有柄的杯子”。如果方便，请哪位帖个上来好吗？我知道我还是处于“只见树木，不见森林”的状态。

也许有的朋友会说你买了那么多书，怎么连个图都看不明白，那这些书岂不是白看了？不！看书学习不一定能成功，但不看书学习一定不会成功，而且，我想说，自从到长阳以来，我的进步非常明显，我的那些书每本都有帮助或启发，起码我不会人云亦云了。如果现在谁再推荐股票给我，我会想想他为什么买它，何处止损，何时加仓。盼望早日看到新版《笑傲股市》。

最后还是要说句好话：谢谢！

如果说刚来论坛的几个月我只是个什么也不懂的小学生，那么敢于发言交流和不耻下问后，我的学识水平很快上了一个新的层次。这期间我学习了论坛关于读书交流的所有帖子，并学习了众多交易经典，其中有：《炒股的智慧》《笑傲股市》《股市趋势技术分析》《蜡烛图方法》《华尔街操盘高手》《台湾名家——刀疤老二》《操盘建议：全球顶尖交易员的成功实践和心路历程》《股票大作手操盘术》《股票作手回忆录》和《克罗谈投资策略》等。

虽然这时我还没有领悟到交易真谛，没能掌握正确的交易原则，但是这些书帮助我树立了正确的学习观念，让我对市场谦卑起来。尤其是得到一位像老师一样的高水平朋友的悉心指点后，我的学习进步更是明显。近两年的时间，无论是读书方向，还是读书疑难解答，以至看盘指点，他都给予了我最真诚的教诲，我很惊讶和敬佩这位朋友的渊博知识和良好品质，我们从没有谈过每天对大势和自己手中个股的看法，他也没有向我推荐过股票，但是他却教会了我基本的学习理念，让我可以自己走下去。我不止一次为自己得到这份友情而感到幸运和珍贵！在我心里，他是我最尊敬和最感激的股票老师！

读了好书、得到了指点，我用功了很多，起码每天晚上我会把所有股票翻一遍，因为这样可以略微了解市场的脉动。后来我在一个专业论坛看到这样一个帖子对我每日看盘帮助很大，从那以后我基本按照它的思路每日复盘，帖子内容是这样的：

良好的盘感是炒股的必备条件——盘感训练方法

良好的盘感是投资股票的必备条件，盘感需要训练，通过训练，大多数人会进步。如何训练盘感，可从以下几个方面进行：

(1)坚持每天复盘，并按自己的选股方法选出目标个股。复盘的重点在浏览所有个股走势，副业才是找目标股。在复盘过程中选出的个股，既符合自己的选股方法，又与目前的市场热点具有共性，有板块、行业的联动，后市走强的概率才高。复盘后你会从个股的趋同性发现大盘的趋势，从个股的趋同性发现板块。据接触过吕梁的朋友称，吕梁绝对是位分析高手，盘面感觉堪称一流，盘面上除了一条 3 日均线就是光溜溜的 K 线——股道至简。

(2)对当天涨幅、跌幅在前的个股再一次认真浏览，找出个股走强(走弱)的原因，发现你认为的买入(卖出)信号。对符合买入条件的个股，可进入你的备选股票池并予以跟踪。

(3)实盘中主要做到跟踪你的目标股的实时走势，明确了解其当日开、收、最高、最低的具体含义，以及盘中的主力的上拉、抛售、护盘等实际情况，了解量价关系是否正常等。

(4)条件反射训练。找出一些经典底部启动个股的走势，不断地刺激自己的大脑。

(5)训练自己每日快速浏览动态大盘情况。

(6)最核心的是有一套适合自己的操作方法，方法又来自上面的这些训练。

复盘就是利用静态再看一遍市场全貌，这针对你白天动态盯盘来不及观察、来不及总结等等情况，在收盘后或者定时再进行一次翻阅各个环节。进一步明确一下，哪些股资金流进活跃，哪些股资金流出主力在逃，大盘的抛压主要来自哪里，大盘做多动能又来自哪里，它们有没有行业、板块的联系，产生这些情况的原因是什么？哪些个股正处于上涨的黄金时期，哪些即将形成完美突破，大盘今日涨跌主要原因是什么等等情况，需要你重新对市场进行一遍复核，以便更了解市场的变化。

复盘的一般步骤是：

1. 看两市涨跌幅榜

(1)对照大盘走势，与大盘比较强弱，了解主力参与程度，包括其攻击、护盘、打压、不参与等情况，了解个股量价关系是否正常，主力拉抬或打压时动作、真实性以及目的用意。了解一般投资者的参与程度和热情。

(2)了解当日K线在日K线图中的位置、含义。再看周K线和月K线在时间上、空间上主力参与程度、用意和状态。

(3)对涨幅前两板和跌幅后两板的个股要看得特别仔细。了解哪些个股在悄悄走强，哪些个股已是强弩之末，哪些个股在不计成本的出逃，哪些个股正在突破启动，哪些个股正在强劲的中盘，也就是说，有点儿像人口普查，了解各部分的状态，这样才能对整个大盘的情况基本上了解大概。

(4)在了解个股的过程中，把那些处于低部攻击状态的个股挑出来，仔细观察日K线、周K线、月K线所经历的时间和空间、位置等情况良好的，剔除控盘严重的庄股和主力介入不深和游资阻击的个股，剩余的再看一下基本面，有最新的调研报告最好调出来看一下，符合的进入自己的自选股。

看涨幅在前两板的个股，看它们之间有哪些个股存在板块、行业等联系，了解资金在流进哪些行业和板块，看跌幅在后的两板，看哪些个股资金在流出，是否具有板块和行业的联系，了解主力做空的板块。需要说明的是，看几板合适，主要看当日行情的大小，好多看几板，看看前后两板就可以了。

2. 看自己的自选股(包括当日选入的)

观察是不是按照自己预想的在走，检验自己的选股方法有哪些错误，为什么出错，找出原因，改进。看哪些个股已经出现买点(买点自己定的，按照什么标准也是你自己定的)的个股，你要做一个投资计划，包括什么样情况、怎么买、买多少、多少价格、止损位设置等。

3. 看大盘走势

主要分析收阴阳的情况、成交量情况、与昨日相比是什么样的情况，整个量价关系是否正常，在日K线的位置、含义，看整个日K线整体趋势，判断是否可以参与个股，能否出现中线波段，目前大盘处于哪一级趋势的哪个阶段。看当日大盘波动情况，什么时候在拉抬、什么时候在打压，拉抬是哪些股，打压又是哪些股，它们对大盘的影响力又是如何。看涨跌平个股家数，了解大盘涨跌是否正常。了解流通市值前10名个股的状况，以及对大盘的影响，如果不是大盘股影响大盘，找出影响大盘的板块。了解大盘当日的高低点含义，了解大盘的阻力和支撑位，了解大盘在什么位置有吸盘和抛压，了解哪些个股在大盘打压之前先打压，哪些个股在大盘打压末期先止跌企稳。

综合排名榜，市场各要素都展现在这里，哪些个股在活跃，哪些个股在出逃最强烈，哪些个股在拉尾市，哪些在尾市打压制造恐慌假象，哪些个股盘轻如燕，哪些步履蹒跚，这是主力的照妖镜。

别忘了还要关注其他市场和品种的情况，回购情况如何，国债情况如何，B股情况如何等等，它们反映的是什么样的资金面以及对大盘的情况。

掌握基本要素和复盘熟练的要求后，你的盘面感觉肯定是不同的。反复训练后，可加快速度，翻阅个股也没必要全部看，看涨跌前后几板、权重股、自选股等就可以了。复盘是辛苦的，但只有苦尽才能甘来！

经过多方努力，我的操作基本能够按照自己的思路进行了。虽然没有大的获利，但也没有大的损失。不过这期间始终存在一个重大问题——那就是没有耐心、没有节制，每当看到好机会，我总是迫不及待重仓介入。这毛病使我的利润很不稳定。当时我把利润不稳定的原因归结为股票的交易机制——T+1，我觉得如果是T+0就会好很多。

果真如此吗？当然不是！能够领悟到这点却是很久很久以后了。

伴随着读书、看盘、看帖、写帖，不知不觉日子到了2005年1月。

因为这几年来股票行情一直不好，每天看盘我觉得很是单调无聊。有一天我忽然冒出个想法——为什么不趁着股票没有行情学习一下期货，为以后的专业生涯打下基础呢？当时长阳论坛做期货的朋友很多，也真诚热情，向他们学习一下基础知识应该是不成问题的，因此我决定在论坛以开帖的方式学习。经过多方面的观察，我拜只做豆的 yufan2010 做了我的期货特约老师。

从此，我的交易和学习有了另外一个天地！

可是，因为对期货一无所知，我几乎不知从何学起。我想，要是有一本类似《炒股就这几招》的期货基础书该多好，结果当然是失望的。后来我在网络上搜索关于期货品种的介绍，渐渐有了一点点了解。但是期货交易过程自己却无法看懂，为此我不断在帖子中提问题，虽然这些问题都是非常的幼稚和无知，可豆版主等朋友一直都给予了最耐心、最细致的解答，这使我感激的同时也感到万分的幸运，毕竟不是每个人都能如此真诚付出！

慢慢地，我终于也能看期货行情了，这实在是太高兴了，因为期货——对于我来说，曾经是那么可望而不可即！

以前总是听网友们说，期货和股票技术分析是一样的。可是我初看期货行情的时候，期货的经常性跳空走势非常的让我迷糊，感觉那么琢磨不定，为此我在网络搜索并学习了大量帖子以及多本交易书籍。

如果说以前的股票学习是量的积累，那么以后期货学习的每个醒悟将是质变的开始。

在我学期货最投入的时候，我有幸得到《十年一梦》作者青泽老师悉心教导。当时，正值青泽老师的书《独自徘徊在天堂与地狱之间》刚刚上市。

在向青泽老师的不断请教中，我的期货学习进入了正规阶段。

2005 年 7 月 15 日，我在和青泽老师的学习帖中说，自己的期货模拟一直是亏损的，因为模拟都是亏损，自然也不敢实盘操作。青泽老师看了这话，对我提了几个问题。可以说这几个问题几乎是我以前从没思考过的，它引起了我深深地思索和反省。

青泽：

婉洋讲讲,你是怎样模拟的？

(1)怎么确定入市点位和时机？中长期趋势交易系统还是短线交易,感觉？

(2)仓位如何安排？投机资金怎么分配？

(3)出现盈利或者亏损如何处理？

(4)最后平仓出局的原则是什么？

经过总结和反省，我给青泽老师也是给自己做了如下回答。

青泽老师你好：

(1)我是根据突破原理操作的，最近一共操作4次，它们是：豆511多单一次和燃料油多单一次，空单两次。

豆是觉得突破上升趋势开始，可是我买的价位是6月20日那天，因为事先看到豆509没有突破，所以最开始没买，可是我20日买入后豆就下跌，在6月23日那天看到回补了缺口，于是止损卖出。我没想到它的下跌这么厉害，过后很后悔为什么不反手空单，因为我觉得它属于假突破。

燃料油在6月28日空单一次，第二天盈利50点，于是29日加仓一手，7月1日亏损出来。在伦敦遭袭击那天又多单，可是第二天就跳空下来，于是又止损出来，这次我反手空单一手，结果两天后尾市时它又创了新高，我又止损出来。

关于豆，当初我分析上升趋势重又开始，所以入市，而燃料油则是凭感觉短线入市，尤其空单。

(2)关于仓位我都是1手开仓，最大仓位两手，因为我现在主要是学习和累积经验。

(3)出现盈利，并得到走势确认后，我加仓第二手(这个是刚刚总结出来的)；如果亏损，走势证明我分析错误，我一定止损出来。

(4)平仓原则是：市场证明我判断错误和本是良好的趋势但走势出现不稳定时。

由于操作都是以亏损告终，这让我难受的同时，更让我冷静下来，尤其燃料油空单失败后，我意识到我的操作肯定存在问题，我忽然想起老师说的话：总是止损也会亏死人，你的方法经过测试吗？因此我把《独自徘徊在天堂与地狱之间》关于不断止损的分析，及这个帖子又看了看，然后我决定停止操作，看看自己到底在哪里出了问题。

这几天我把几年来所有的合约活跃交易图表打印出来，刚分析了一少部分，我就发现我在燃料油和豆关于回补缺口就下判断是缺乏可靠依据的。而且我的入市好像也违背了顺势操作。因此我把《克罗谈投资策略》和《股票作手回忆录》又看了一遍，这时我渐渐发现我的问题很大，尤其关于燃料油，这是个很严重的逆势操作。我甚至发现自己对很多问题根本就没正确理解，或者说没有按照规则办事，不仅是期货，股票也是一样。比如逆行入市，我完全忽略了它是建立在主趋势之上的逆行，而不是随便逆的。

回顾这两个品种的操作，我觉得一知半解很害人，什么事都不是简单地照搬，就好像加仓，只是盈利也不行，一定同时是走势再次确认才可以。

经过青泽老师的引导，我渐渐领悟到正确的交易理念：顺势交易以及顺势的含义。也是这个时候，我开始明白为什么大作手会说：等你知道不该做什么才能不亏钱时，你开始学习了——学习该做什么才能赢钱。

那么，什么是正确的交易理念呢？

请看《克罗谈投资策略》中的精彩描述：

(1)只参与那些行情趋势强烈或者说行情主要走势正在形成的市场。

(2)假定你所交易的方向与行情趋势一致，在以前或从属的趋势已产生的较大差价基础上建立你的头寸，或者把头寸建立在对当前行情主趋势的适度逆行位置上。

(3)你应当忍受任何微小的趋势变动，不要轻易对该变动进行频繁交易。

(4)一旦所持有头寸的变动方向对你有力，而且你的技术分析也对这一有利的趋势变动加以证实了，你就可以在某些特定条件下增加所持有的头寸。

(5)除非趋势分析表明行市已反转，否则应当保存头寸。

(6)你要有一个方法知道什么情况下自己持有的头寸是错误的。

时至今日，我再回头看《克罗谈投资策略》这段精彩描述，当时我只能是理解了第一条和第二条。尽管仅仅是两条，但也很快就给予了我开心的回报。

2005年7月，我一直在观察豆的走势，当时美国大豆11月合约在7月1日出现反弹，根据顺势操作原理，这天可以逢低做多买进。可是随后，它的上涨只持续了两天，这就给我一个危险信号。我认为如果前面 4 天的下跌是正常回调，那么这时不应该再回调整理。更不能让多头放心的是，以后几天的上涨直至 7 月 15 日都没能创出新高，这时多头还在痴等止损出局未免过于教条和迟钝，何况此时要做的是不仅多头出局，更要为空头开仓做准备。凭借外盘豆 20 多个交易日的萎靡表现，我判断它破位下行是大势所趋，因此 7 月 20 日我在内盘豆 11 月合约上(附图 3－1)开出了我期货交易的第一笔空单。经过中途加码，这笔交易我竟然获得了期货所有资金的 50%利润，这实在是让我好开心，我觉得自己找到了期货交易真谛。

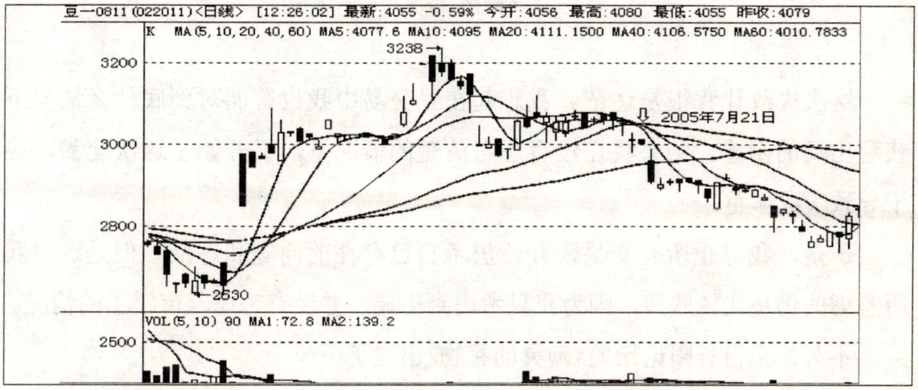

附图 3－1

有了这次胜利果实，我自信许多，于是我满怀热情迎来了期货第二笔交易——燃料油卖空交易。

2005 年 11 月我卖空燃料油(附图 3－2)，随后市场如我预期发展，我账面出现利润。可是就在加仓之后，市场很快出现大幅反弹，这时我不知所措起来，并发觉自己从不知道该如何判断空头回补还是多头反击，也不知道空头仓位到底该在什么情况下出局。就这样，我在本是获利的情况下，最后竟以很大亏损出局。

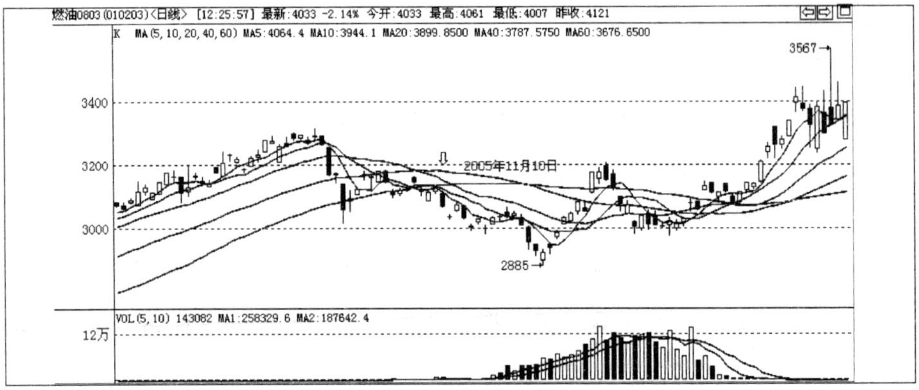

附图3－2

这次失败让我很是迷茫，我想起在豆交易中我也曾面对到底什么情况下获利出局的困惑，结果我在没有思考清楚的情况下，又开始了这次交易，终于导致失败惨重。

于是，我停止所有交易，开始思考自己存在的问题和迷茫。但是这时我所考虑的仍是比较肤浅，因为我只考虑到出局，并没有考虑入市错了的情况。

不久，来自长阳论坛的《幽灵的礼物》出现了……

也许是《幽灵的礼物》呼声太高太久的原因，我刚开始读它颇有些失望，而且好多话语不能理解。可是随着阅读的深入，我非常震惊和感慨，我发现自己忽略和欠缺的技能实在太多太多。

常听人讲，说到和做到完全是两回事。这话用在学习《幽灵的礼物》后的我身上实在是在恰当不过了。了解和运用幽灵三个规则简直又是一个天地之隔。

首先，每笔交易我几乎不知道怎样交易才是正确的。其次，当时的我几乎无法做到先考虑到自己错了怎么办。再则我不知道加仓的时机选择依据哪里来，又有多大把握。还有如何判断市场状态是极度疯狂中？等等这些问题让我非常迷糊，这期间我觉得自己什么都不懂，很是绝望，第一次想到要退出交易行业。

虽然说自己觉得忽然到了尽头，没有希望，没有出路，可是如果真的放弃我为之奋斗了5年的交易事业，我又非常的不甘心。但是，当时我真的不知该怎样做，那种心情真是好无奈、好痛苦。

也不知过了多久，我的心情渐渐平复了。这时我又拿起《克罗谈投资策略》，我发现我所领悟的正确理念并不是大功告成，而是刚刚开始。同时我也醒悟到，我以前的学习可以说都是复制性的学习，要想做到不再怀疑这、怀疑那，凭直觉抓住临界点，凭直觉运用所有的规则，必须要进行自己的创造式学习，通过自己的眼睛和头脑对市场客观细致观察，并得出属于自己的判断和结论。而且这个过程是没有人可帮助和代替的，正所谓，师傅领进门，修行在个人。

如何开始创造性学习呢？

受幽灵启发，我首先想到的是直觉和敏锐的培养。为此我重读了经典，它们是：《直觉交易商》《混沌操作法》《短线交易秘诀》《短线交易大师》《投机生涯》《重塑证券交易心理》《股票作手回忆录》《股票大作手操盘术》和《驾驶市场——优秀交易商是如何造就的》。

但是在学习这些书的过程中，我发现仅仅学习这些书是很难达到能力培养的，应该学习心理学、博弈论、行为金融学才好。因为自己的思维方式首先必须得到改观才行。

有了一些学习资本，我也渐渐有了自信和自豪。不久，我和青泽老师交流，我们谈到了大作手的失败。当时老师提出了几个问题，问我如何看待，我回答说：

(1)《投机生涯》中说，投机者最大的敌人是厌倦感，这让我想起了利弗莫尔，记得老师也说过他自杀的原因是他对投机事业、对这样的生活产生了厌倦，另外对人生失去希望也是原因之一。最近几天我忽然想明白，为什么对自己要求那么高呢？在我们有限的、可以把握的时间内，做好投机，战绩优异，然后在适当的时候退出前线，又何尝不是一种明智和洒脱？只要在退出的那个时候是成绩优异的，那么退出就不是挫败。

(2)为什么利弗莫尔在写出如此深刻的《股票作手回忆录》后仍然破产？是

什么原因导致的?

我想这是人性缺陷所导致，如果说投机事业极其艰难，非常辛苦，那么这个难点和苦处就是我们必须时刻克制情绪，来不得半点儿大意。而那些大师技艺精湛，屡战屡胜，在他们评估所有条件都具备或者压力过大的情况下，很可能孤注一掷，不遵守纪律。我想这是他们破产的直接原因。如果他们没有孤注一掷，如果他们遵守纪律，是否还会惨遭破产厄运呢？可以说技艺越是精湛、经验越是丰富，获得胜利越多，人性考验就越严峻。

(3)我认为投机活动是项事业，它和竞技体育一样，是有志者实现自我的最好方式，无论身处何地，无论什么背景，在这里基本平等。当然成功者少之又少，但是如果能做到刻苦、用心、专心、坚强、善于反省等，即使不成功也可以全身而退或满载而归。还有我认为失败和浪费是交易者自己导致的。想想当初入市来的朋友们，哪个不是抱着赚大钱的目的？想法没错，错的是过程。这点新手的做法和专业炒手恰好相反，新手首先想的是如何获利，很少或从来没想过生存，而专业者想的却是先活下来，然后再追求卓越。而且遗憾的是能坚持到或能有自知之明想到让自己生存下来的人太少了，太多的人临死都不知道是为了什么。而且好多人是抱着闲着无事来这里谋第二职业的，殊不知这行是最难的，甭说兼职，即使全职，如果有后路，那么也是不会在这行生存或做得很出色的，因为这个经历实在太残酷、太艰难，可以说只有被逼无奈，或强烈的热爱，才会坚持下来，才会脱颖而出。如果说这行很需要导师，我想最开始的投资教育是一个很重要原因。

(4)我自己生命的意义是充实、自立、有目标的活着。虽说顶尖者不在乎金钱(我想这里指的是交易或思考过程中不能考虑金钱)，但是不能否认在这行金钱是动力，是成功的标志。这个就好比运动员，他最初的理想一定是获得冠军，这个信念支持他克服一切困难和磨难，但是在比赛时，他想的却不是得冠军，而是做好每个动作。

给出这些回答后，我很是有些得意，我觉得青泽老师一定会表扬我，可是青泽老师只说了一句：婉洋，你还是在场外多学习几年吧。

当时我很不理解，老师为什么这样说呢？老师一直都是称赞我进步快的啊！

带着满心疑惑，我迎来了青泽老师的《独自徘徊在天堂和地狱之间》的再版本《十年一梦》。在读《十年一梦》的过程中，我忽然明白了，原来是我太相信自己的能力了，这对交易来说是多么可怕。正如一句话所说：没有自知之明的人，在交易界会死得很惨。

想起来也是，我们这行失败率特高的原因之一就是我们过高地估计了自己！

一直以来，长阳论坛很是排斥国内著作和国内作者，这其中的原因大多是有理有据的。可是如果一律封杀，那未免太过偏激了。

回想我无论是当初隔山望海的学习期货，还是现在冷静自信地交易期货，我都很感激青泽老师以及他的《十年一梦》。我觉得在可以相互坦诚、及时交流的前辈中，青泽老师的思想是非常深刻和严密的，那份启迪和醒悟可在我的读后感中得以感受。

有句话说“枪打出头鸟”，这本来是警告的意思，可是我觉得对于我这个一度在长阳论坛出面最多的人来说，出名在外却得到无穷的好处！

大概是2004年末开始，随着我的发帖和买书速度位于长阳论坛前列，大家逐渐对我熟知和关注起来。只要我有疑惑、无知、偏见以及难过的时候，总是能得到大家及时热情的帮助、开导和指点，这无疑让我少走很多弯路，更让我感到论坛大家庭的温暖和宝贵。比如普利高津给我的关于推荐行为金融书的回答是那么的中肯和宝贵；hob的一席话纠正了我几年来拒绝学习巴菲特思想的严重偏见等。

原帖由普利高津于2006-6-15 21:58发表

需要说明的是，行为金融只是方法，不是范式。相对论为何伟大，在于它包容了传统力学。

行为金融书，两年前我选它作为研究方向时，参考书籍还很少……但现在，行为金融大行其道。

国内的书以前扫过6本，现在看来，只有李心丹教授《行为金融学》(上海三联书店)有价值。

国外的书就多了，两个诺贝尔奖获得者的书有很多……

不妨先看看行为金融的发展过程……

行为金融理论的发展历史可以简单概括为以下几个阶段：

(1)早期阶段。19世纪莱本的《羊群效应》和查尔斯·麦凯之的《非同寻常的大众幻想与群众性癫狂》是两本研究投资市场群体行为的经典之作；凯恩斯是最早强调心理预期在投资决策中作用的经济学家，他基于心理预期最早提出股市“选美竞赛”理论和基于投资者“动物精神”而产生的股市“乐车队效应”；伯乐尔是现代意义上金融理论的最早研究者，在其《以实验方法进行投资研究的可能性》(1951)论文中，开拓了应用实验将投资模型与人的心理行为特征相结合的金融新领域。后来的Paul、Slovic等人继续进行了一些人类决策过程的心理学研究。

(2)心理学行为金融阶段(从1960年至20世纪80年代中期)。这一阶段的行为金融研究以特维尔斯基和卡那曼为代表。特维尔斯基研究了人类行为与投资决策模型基本假设相冲突的三个方面：风险态度、心理会计和过度自信，并将观察到的现象称为“认知偏差”。卡那曼和特维尔斯基(1979)共同提出了“期望理论”，使之成为行为金融研究中的代表学说。但是当时的行为金融的研究还没有引起足够重视，一方面是因为此时有效市场假说风行一时，另一方面是因为人们普遍认为研究人的心理、情绪对金融研究是不科学的。

(3)金融学行为金融阶段(从20世纪80年代中期至今)。市场不断发现的异常现象引起金融学界的注意，大量的证据表明许多金融理论还不完善；再加上期望理论得到广泛认可和经验求证，所以这个时期的行为金融取得了突破性的进展。这个时期行为金融理论以芝加哥大学的萨勒和耶鲁大学的希勒为代表。萨勒1987，1999年研究了股票回报率的时间序列、投资者心理会计等问题。希勒(1981，1990a，1990b)主要研究了股票价格的异常波动、股市中的“羊群效应”(Herd Behavior)、投机价格和流行心态的关系等。此外，欧登(1998)对于趋向性效应(disposition effect)的研究，瑞特(1999)对于IPO的异常现象的研究，卡那曼等(1998)对反应过度和反应不足切换机制的研究都受到了广泛的关注。与上个时期相比，这个时期的行为金融理论研究是从投资策略上加以完善，注重把心理学研究和投资决策结合起来。

上海财大版赫什·设伏林《超越恐惧与贪婪》，人大出版的乔其母·高德伯格《行为金融》、安德瑞·施莱佛《并非有效的市场》，阿兰仕密斯《制度与行为金融》。

研究行为金融，不能离开博弈论，还要读一些博弈论的书：冯诺依曼的《博弈论与经济行为》，马丁·奥斯伯恩德《博弈入门》。

但是这些书我都不主张你看，如果你只重视实战的话，看李心丹那本足够了，就是那本理论性也够强的了，重点看《心理学与生活》《思维与决策》——这才是干货，有实用价值。

回想在长阳论坛的几年中，我实在是得到太多太多的帮助和关怀。尽管我已经无法一一说出他们的名字，但是在我心里，我将永远保留着对他们的感激和祝福！正是怀着对他们及论坛的感激和爱戴，我才常常觉得自己也应该像前辈那样，尽可能帮助新手朋友，帮助每位需要帮助的会员。就像有句话所说的那样：滴水之恩当涌泉相报！

当然，得到帮助的同时，我也不断遭到大家的质疑。

从2003年去长阳的那天到现在，我通过各种渠道共取得交易相关书籍200余本，共用了4年时间来学习这些书。大家最大的质疑就是认为我在读死书。果真如此吗？

第一，我并非死读书。

一方面，我在2006年6月17日的读后感《我的意外收获——读〈乌合之众〉》会给你一个回答，它是我众多文章中感触最多的一个。另一方面，我的期货学习、操作和总结会说明一切……

无论在论坛还是在我的QQ群，我不止一次说，期货学习改变了我、拯救了我。而我在期货学习中的多次重要感悟和提高都是和我的书分不开的。我不能想象如果没有这些书，我的灵感和反省何时能出现，又能不能够出现？

关于期货，大家更多的反应是期货风险很大，同时大家也认为期货交易数倍难于股票操作，因此唯有股票做好了，能够稳定获利了，才可以考虑去学习期货、操作期货。

回想当初我学期货的境况，我完全不是因为股票操作如何如何出色，只是因为时间宽裕常常感到无聊。而且因为我是上班族，我学习期货也曾遭到论坛好朋友们的反对。他们告诫我说期货市场变幻莫测，你连白天看盘的时间都无法保证，又如何参与交易呢？这样的观点不少书中也有表达，这着实动摇了我一阵子。

但最终，我还是坚持了自己的决定。

在学习期货过程中，我首先发现自己存在太多的不足。比如基础知识方面，我一直都没能深刻了解每种分析方法的内涵，向来都是不分三七二十一照搬过来使用。期货市场变幻莫测，常常需要瞬间做出选择，这样的情况下没有自己的主见和经验又怎能行？

因此我学习了各种所能找到的分析书籍，以求掌握全面的分析理论。虽然刚开始的日子我无法做到用自己的眼睛去看市场，但是拥有扎实的理论基础，却是培养创造性思维的一个重要条件。

再比如分析工具方面，在股票中我几乎就没有想到噪音的识别和处理，更没有想到上升趋势中的逢低买入、下降趋势中的逢高卖出，可这些技能在期货交易中是一定要掌握的。如何学习和掌握？对于我这个身边没有一个前辈指导的情况下，自然只能更多地求助于我的那些书了。

有了这个方向，读书自然也就有所选择。这时你还能说我读死书吗？

当然我承认，没有一本书有现成的秘诀可供我自如使用，可是学习前辈的思路和方法无疑会给我很多启迪和灵感，尽管这个过程非常艰苦和漫长。

第二，我对止损有了较为深刻全面的认识。

记得2000～2005年股票操作阶段，我对止损的理解就是买入后，如果下跌10%就卖出，也就是说仅仅根据资金损失来制定止损，其他的一概不知。2005年刚学习期货时，无论买入还是卖出，一出现亏损，就赶紧跑掉。这时虽然频频亏损出来，但很有些得意，觉得自己执行能力还不错。除此之外，还是不懂其他。学习和交易期货后，为了提高止损能力，我翻阅了大量图书。其中对我帮助很大的是江恩的书、琳达在《成功交易——与金融大师谈投资》

的叙述以及《幽灵的礼物》。尤其前两位前辈对波动率的描述对我止损的设置提供了十分宝贵的启迪。

我觉得止损应该包括如下几个方面：

(1)很多人都认为止损位的合理设置是件很难的事情，这并不奇怪，也不能说明你水平很差。因为正确调整止损价格这一问题的解决办法可能是设计一个成功的体系中最困难的部分。记得有人曾这样描述：止损价格的设置是一门最微妙、最完美的艺术，是进行有效的趋势交易的关键所在。止损价格要么太紧，价格由于微小的技术性回落而频频摆动，你则不断地被迫退出市场；要么太松，将使你承担巨额的、无法防范的损失，或是在市场逆行时，将账面盈利的大部分还给市场。可以说这个和个人的操作水平息息相关，水平越高，止损位置也选择的越恰当。

(2)设置止损的目的：设止损是为了立即止住损失，而不是设法减少损失。因此当止损发生时，必须第一时间离开市场，而不是讨价还价，因为发生了这个时间，已经说明你的判断失误，你已经丧失了讨价还价的权利。

(3)为什么每次需要止损时，总是难以认赔？因为我们常常抱以希望，希望能够反败为胜，就因为这贪婪使我们扩大了损失。这时我们错的是我们忘记了交易系统，想的只是交易结果。如果我们在今后的交易中，能够做到通过交易方法，而不是交易结果来界定失败，那我们就能够控制自己的交易情绪，业绩也一定会好很多。

(4)止损不应该以亏损还是盈利为依据，而是要像《幽灵的礼物》所说的那样，当市场没有证明你是对的时候，就要退出交易。要做到这点必须像书中前辈所说的那样，当你介入一笔交易时，要对不久未来有个明确的展望，而不是仅仅看到眼前这一步。

(5)止损不仅仅是价位止损，还要考虑时间止损。

(6)永远记住止损不是万能的保险，在大市场波动剧烈的时候，止损是不管用的，因为市场直接开停板，所以永远别忘记给自己留有余地。

第三，我渐渐感到拥有一个健全的心理素质对学习和交易是多么重要。

因为生活中有太多的事情让我们分心，也有太多的细节被我们忽视。如果总是被这样那样的事情影响学习，总是做事考虑不周全，那么永远也无法到达交易的最高境界。这时我才明白，大作手为什么会说：“投机——天下最彻头彻尾充满魔力的游戏。但是，这个游戏愚蠢的人不能玩，懒得动脑子的人不能玩，心理不健全的人不能玩，企图一夜暴富的冒险家不能玩。这些人如果贸然卷入，到头来终究是一贫如洗。”

想想以前的自己，哪条没占上呢？难怪总是亏！

第四，当我深入研究市场、研究交易时，我发现书中前辈的每一句话都是那么富有哲理和指导意义。

比如，任何事情都有线索解释，要找到那些线索，就必须纵观所有可见的事物，包括所有的细节。分析的目的在于了解行为演变，而不试图由过去的资料中寻找模式或范本，以解释目前的市场行为。非理性是市场的重要部分，看到这个层面，获利机会就会显著增加。真正能够稳定获利的方法，通常是自己发展出来的交易逻辑与策略等。

这一切就像有句话所说的那样：站在巨人的肩膀上，让我看得更远！

第五，我发现交易原理和人生哲理竟然是那么的相通。

如我在一个朋友的回帖里所说：大作手一再强调的时间因素，对分析趋势反转是多么重要。想想看有哪个重要反转不是通过时间渐渐形成的，比如2003年的LME，你很难辨别它是从哪一天开始转变的。而我们生活中的真正改变又何尝不是通过渐变而实现质变的呢？

记得书中前辈总是强调学习和完善人格是一生一世的事情，以前我总也无法理解这话，觉得不就是顺势交易吗？有什么好深入研究的呢？渐渐才明白了，一方面交易环节细致全面，市场也是在不断变化之中，就算人性本质不变，但人们的表达和应变方式却是与时俱进的，这一切都需要我们时时关注和领会；另一方面人是充满惰性的，稍微放纵和膨胀自己，就会给交易带来无比的祸害。因此我每天都要求自己坚持学习，哪怕只是看看论坛的帖子，也算没有白白度过。

能够意识并做到这些，已经是2006年的国庆节了，这期间过去了3年的时间。

3年对于每个人生来说应该很短暂，可是对于我来说，却是那么漫长和刻骨铭心！惊喜、伤心、希望、绝望、顿悟、震撼等种种滋味我几乎尝了个遍！

坎坎坷坷走到这儿，以后的日子似乎该是轻松和快乐的了，然而，更大的考验却在后面。以前的日子再难，我有银行的工作做保障。当把工作丢掉后，上天给我的压力和考验才真正开始。

2006年11月，我所在的单位终于开始了呼声很高很久的人事改革，在这次改革中，农行给出了有史以来最优惠的裁员政策。面对这个千载难逢的机会，我开始考虑自己今后的发展方向。

本来我想选择深圳的，2003年我曾在那里住了半个月，好喜欢那里的山和水，可是一方面考虑那里太热，另一方面那里没有一个知心朋友，于是我最后选择了北京。

也许有朋友会问，为什么一定要离开家呢？做期货还用选择地方吗？

这还要从我学生时代谈起，我在读初中的时候学习非常好，在学校排名一直都是前5名，当时有名女生，我俩成绩总是很接近，相互总是较着劲儿。本来我俩都有希望考上好学校的，可是后来我开始不喜欢读书，结果名落孙山，而她却考上了名牌大学，并分配到大城市。这个打击对于我实在太大，以至过了很多年我都耿耿于怀，所以我一直努力，我希望有一天我也能靠自己的力量来到我喜欢的城市工作和生活。

终于我来了，我放弃了银行铁饭碗，来北京，选择以期货为生。

这一天是2006年12月29日！

初来北京的两个月我是在北京长阳书店卖书。因为书店生意很是红火，所以我每天都很忙，尤其网络朋友知道我在书店时，我的电话越来越多，上门找我买书的朋友也渐渐多起来，慢慢我感到力不从心了。因为每天的繁忙工作几乎占据了我所有的时间，甭说看书，就连看盘都没时间。这样的境况让我好苦恼，我是那么的喜欢读书，也是那么的热爱交易，如此下去，我的交易和学习势必受到严重的影响，无可奈何中我和长阳老板提出了离开。

我知道这样做很对不起长阳老板，因为没有长阳论坛就没有我今天，没有长阳书店我就不会来北京，而且来之前长阳老板也提醒过我，让我考虑清楚，可是最后我还是半途而废，这一直让我很是自责。然而为了自己的前途，我只能如此！

有句话说，有一失必有一得。我在长阳书店的两个月，虽然很少学习，可以说是几年来最少的学习，但是得到的却是非常的宝贵。

首先，我在长阳举办的新春答谢会上见到了我一直崇拜的丁圣元先生和青泽老师。

丁圣元先生非常平易近人和健谈，谈话思路清晰并富有哲理。当他得知我的读书经历和拥有众多网络好友后，他让我转告我的朋友们：一个是每个人都要学会投资，仅仅储蓄是很吃亏的；另一个在中国进行交易，无论基本面还是技术面，单凭哪个都不行，必须两者结合起来。

而青泽老师比我想象的年轻好多，我以为老师交易了 10 多年，经历了那么多的辛酸苦辣一定很憔悴和苍老。但是当我看到最佩服的青泽老师如此充满活力，真是给我好多信心。因为我和老师平时电话很多，所以见面几乎就没有谈到学习和交易，只是谈些今后的发展方向。尽管是寥寥几句，但是婉洋心里好温暖，打心眼儿里感到自己没有拜错师。

其次，我在书店认识了众多的交易前辈。

他们中有掌管 50 亿的基金公司老总、基金经理、证券公司老总、期货公司老总、投资公司专业操盘手，还有曾在长阳论坛一次次无私帮过我的数位同行好友等。

和他们的交流，婉洋的受益是无法言表的，他们第一次让我认识到自己学习中的不足——缺少专业性和连贯性，也纠正了我的偏见，忽略基本面仅仅靠技术面在交易行业中是走不远的。

再者，我在书店得以学习了两本交易经典《查理·D》和《不确定的世界》。

这两本书在思维和良好品质培养上给我巨大帮助和启发的同时，也让我感到自己是那么渺小，那么需要加强学习和锻炼。

离开长阳书店后，我来到了期货公司。当时有两个选择，一个是加入公司成为员工，一个是做公司经纪人。经过多方面考虑，我选择了经纪人。

尽管那时我一个客户都没有，但是凭借我在网络良好的人缘和众多文章，使得我这个经纪人待遇很是不错。给我配备了办公室、电脑、电话，还有我喜欢的书籍。

坐在舒适优越的办公室里，想到终于可以完成自己多年的心愿——成立自己的论坛以及专职做期货，我心里真是高兴极了。

在等待论坛批复的日子里，我的第一个念头是可以专心交易了。于是我赶紧打开软件，可是结果很让我失望，因为根据我的系统目前还没有属于我的交易机会。这时我本应静下心来好好学习，恢复一下自己以往的交易思路，毕竟几个月没有用心读书和思考了。但是，我不仅没这样做，反而尝试起新的操作方法——短线交易。

于是，另一种苦难降临了……

2007 年 3 月 26 日，我仅仅因为猜测燃料油即将回调，就开了它的空单(附图 3－3)。更可恨的是在判断错误的情况下，我竟开始满怀希望，而没有执行止损，结果 3 月 30 日惨遭缺口打击狼狈出局。好在这次出来后随后的 3 天下跌我都没有参与，因为这时我已经意识到噪音的可能性，果然随后它继续上涨。另外这次交易我还有一个清醒，那就是我明白自己这是在尝试猜测行情，所以当时的仓位是最小的。

如果说这次燃料油失败我还可以原谅自己的话，那么随后而来的两笔交易简直就是罪不可赦。

首先是 4 月 5 日重仓多糖 0807(附图 3－4)。当时之所以重仓，我的考虑是日内平掉大部分。然而因为没有出现我预期的上涨，我再次违反计划没有平仓，寄希望于隔日，结果又是损失惨重。

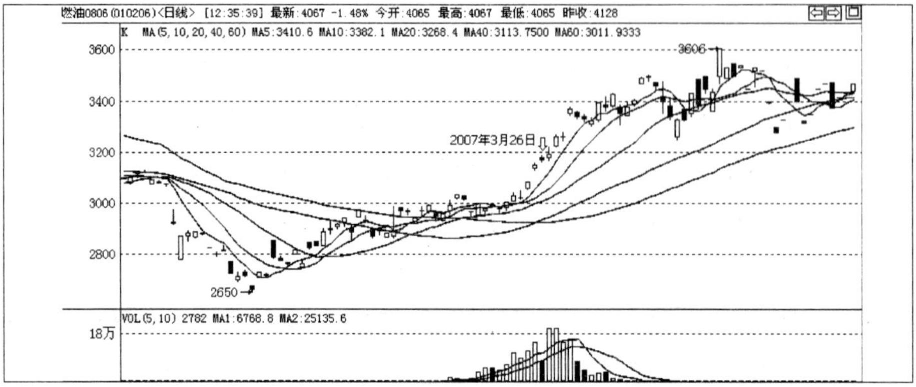

附图 3－3

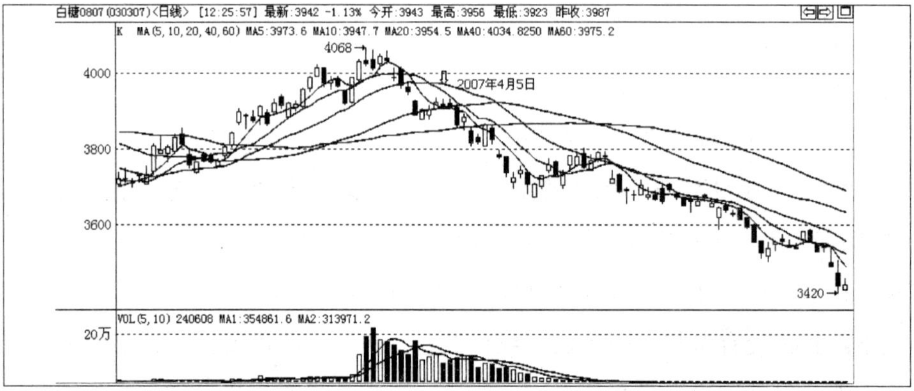

附图 3－4

和几天前燃料油交易失败不同的是，这次惨重失败完全打乱了我的思绪，尽快捞回来的念头几乎占满了我的大脑，于是我又在 4 月 6 日重仓做空燃料油 0807(附图 3—5)，结果最后又是损失惨重。

这接二连三的重大损失几乎让我窒息过去，想想自己目前的处境我简直不知所措。

就在我经济和交易最困难的时候，上天又一次帮助了我。北京舵手证券书店郑义老板找到我，问我是否有意去他们出版中心做编辑，负责证券书稿的收集和最初审阅。考虑到我目前的境况，更考虑到舵手证券书店的学习环境，我自然很高兴地接受了邀请。

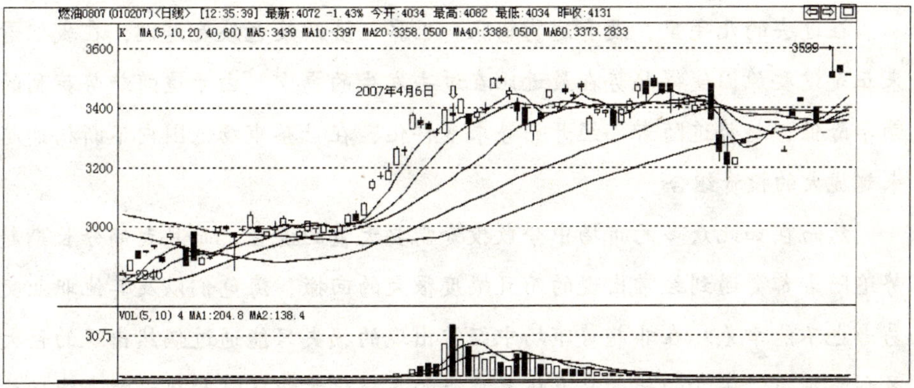

附图 3－5

可是虽然衣食无忧了，我却再次对自己的交易能力怀疑起来。来北京前，我每年的期货交易都是资金翻番，为什么现在连连亏损，难道自己以前仅仅是靠幸运获利的吗？不久，我看到一篇文章“多重交易系统的思考”，内容如下：

多重交易系统的思考

无论是在单一市场还是在多个市场中，交易者都只使用一种交易系统，这在过去是一种典型的做法。因为跟随趋势交易有可能获得巨大的盈利，因而趋势跟随策略吸引了大多数交易者。

Richard Donchian 等众多技术分析先驱都在倡导这种趋势追随策略，他们以及另外一些专业交易顾问还给出历史盈利记录来证明对该策略的偏爱是有根据的。20 世纪 70 年代的巨大趋势让那些早期趋势追随者变得富有，整个技术分析世界彻底相信趋势追随策略显然是一个最有利可图的交易方法。

最近所谓的海龟交易系统就是一个很好的例子。海龟们及许多其他职业交易员已经明白地证明：将这个简单但有效的趋势追随策略应用于不同的市场，同时实行严格的资金管理(他们成功的真正秘密)，真的能获得一个有盈利的资金曲线。

在过去的几年里，没有通货膨胀，世界经济政策也缺乏谐调，在我们看来正是这些原因使得趋势在最近比在过去发生的更少。由于追随趋势获利的频率降低，趋势追随者已经开始寻求多样化，在世界市场范围内不断构建越来越庞大的投资组合。

然而在如此众多的市场中分散投资需要大量的资金，而且大部分长期趋势追随者都会遇到经常出现的而且幅度很大的回撤，海龟们以及其他职业交易者也不能幸免。在非趋势市场中经常出现的损失只能通过偶然出现的巨大盈利来抵消。不幸的是，只有极其广泛的多样化才能保证趋势追随者能抓住这些难得的市场机会。不断增加的市场多样化需求，使得现代交易者需要雇佣一支庞大的雇员队伍一天 24 小时疯狂地交易世界各地的市场。

所有这些多样化的努力都是根据我们的一个假定，即我们只能使用一种交易系统，所以我们只能竭尽我们的所能以在尽可能多的市场交易。寻找那个在所有市场中都能成功交易的系统常常被暗指为寻找那个很难找到的圣杯。在多年的寻找后，我们决定转向寻找一种更好的交易方法，我想我们已经找到了，我们想在不同的市场中使用不同的交易系统。

我们一直都在倡导市场有三个方向而不是只有两个方向，我们认为市场有上升趋势、下降趋势和横盘整理三个方向。将这种观点在推进一步，我们还发现市场的这三个不同方向有截然不同的特征。上升趋势普遍遵循一种有序的模式，这与下降趋势极为不同；横盘模式与上升趋势和下降趋势没有一丝相似之处。如果有这种概念，为什么我们要在上升趋势、下降趋势和横盘整理市场中使用同一种系统。

我想我们应该设计一套多重交易系统，每一个都有特定的应用范围，难到这种想法不合理吗？例如，我们可以很容易地设计出能在上升市场中运行得很好的系统。我们也能给这些只建立多头仓位的系统设计一个开关，当市场停止上涨时这些交易系统就会自动关闭从而不再发出交易信号。我们不想在一个下跌市场中使用一个只做多的交易系统，不是吗？只需要一点常识我们就能在交易事业中做得更好。

在一个下跌市场中，我们希望使用一个做空的交易系统，而且该系统能利用我们对下跌市场一般形态的概念。经验告诉我们下跌市场往往既迅速又剧烈，因此我们应该比在上升市场中更快地变现盈利。那句古老的格言“让利润滚动起来”更适合于上升市场。毕竟，没有一个商品市场会跌到价格为零的(然而最近一两年某些对商品市场的熊市观点让我们怀疑市场不可能跌到零的观点)。我一点儿也不怀疑实物商品市场的上涨空间比下跌空间大，因此“让我们的多头仓位的盈利充分地滚动起来，将我们的空头仓位盈利尽早地实现”的观点显得更合理。

此外，横盘市场需要一个完全不同的入市和离市策略。当市场在一个区间内波动时，不论是让利润向多头方向滚动的想法还是让利润向空头方向滚动的想法都很难实现，因为这只会使盈利交易变成亏损交易。由于受波动区间的限制我们的利润是有限的，因而我们的入场时机必须尽可能地准确，只有高成功率才能弥补偶尔出现的大亏损的伤害。

对上涨、下跌和横盘这些不同的市场条件采用不同的交易系统是非常合理的，对这一点我们很少怀疑。我们一直都想建立能在多重市场条件下应用的多重交易策略。我们不仅想多样化我们的交易市场，我们还想多样化我们的交易系统。

现在我们已经快实现我们的目标——为债券市场建立一个完美的多重交易系统工具包。作为我们伟大计划的一个例子，让我们简短看一下我们是如何使我们的债券交易系统配合我们的策略的，我们的交易时间包括从开始到结尾的完整的价格周期。

从价格周期的底部开始，Phoenix 系统是用于建立多头仓位的，而此时的趋势被大多数定义为下降趋势。如果这种抄底系统成功的话，也就是市场逆转后像我们预期的那样开始一个上升趋势，然后 25X25 系统和 Big and Little Dipper 系统就会确认这种上升趋势，并在不断加强的上升趋势的各种规模的回调中买入。当后面的这两个系统开始探测到上升趋势并在上升趋势的各种回调中买入时，Phoenix 系统很可能还在耐心地持有一个有着不错盈利的多头头寸。

此时我们不想只拥有一种多头头寸。经验告诉我们，一个结实的上升趋势是一种风险最低且有盈利潜能的市场类型。这种非常有序的市场为我们提供了一个持有多重头寸的非常理想的环境。在整个上升趋势期间，Little Dipper 系统交易的是短期趋势，25X25 系统和 Big Dipper 系统交易的是中期趋势，Phoenix 系统则在耐心地坚持着长期趋势。我们不仅使用多重交易策略，我们还在交易多重时间框架内的上升趋势。

随着价格周期的进行，市场改变原先的趋势进入宽幅盘整期或者显示出某种下降趋势的迹象，这时只做多头交易的系统自动关闭，而 Serendipity 和 Sidewinder 这两个既能做多又能做空的系统就会自动打开，它们会在反弹中卖出回调中买入。这两个系统变成我们的主要交易策略，因为它们是专门用于横盘市场和下降趋势市场的。如果债券市场恢复先前的上升趋势，只做多头交易的系统又会自动激活。如果市场继续下跌，Serendipity 和 Sidewinder 这两个系统会继续在下降趋势中的回调卖空。最后当一个剧烈且持久的下降趋势结束时，也即一个完整的价格周期结束时，Phoenix 系统会再次试图抄另一个底，一个新的周期开始了……

如上所述，我们的计划并不是设计六七个能在债券市场中赚钱的系统。我们的计划是建立一个多重交易系统、针对当前的市场环境选用最合适的系统。每个系统都有它自己特定的任务，每个系统都在我们伟大的计划中扮演着重要角色。

上面的这种多重交易策略应用效果怎么样？我们无法给出一个肯定的答案，但我们认为我们的想法是合理的，历史测试结果也是很有利的。但最终的结论往往在于未来的证明。

作者的阐述让我解开了一些迷惑。以前，我之所以能够获利是因为我运用了自己开发的中线交易系统，现在亏损是因为我没有属于自己的短线交易系统，所做的几笔短线交易也都是凭一两根 K 线进行，判断工具明显不够。于是我开始寻找能够识别头部和底部的信号工具，直到认识私募操盘手七翁先生。

当时，他正在写他的书《期市抄盘攸关——短线实战绝杀》，因为我是出版编辑，我们得以相识。在得知我的交易境况后，他告诉我说："婉洋，你的问题不是工具的缺乏，而是对短线的错误认识。短线并不是抓底逃顶，而是做涨中之涨、跌中之跌。另外对一种新方法的尝试，你不该用大量资金去操作，你该用最小的资金去摸索、去完善，直到你完全掌握为止。"他的话完全点醒了我，我终于知道了自己的问题所在，这使我很是开心和感激。

然而，让我欣喜的还不仅仅是这些。因为七翁先生的信任，我得以多次观看先生的操作。看到他的交易技巧和执行手法，看到他的获利是那么轻而易举，我简直目瞪口呆。这是我有生以来第一次通过期货交易前辈的真实操作，感到技巧和纪律对交易绩效、个性对交易策略的选择是那么的重要。

在他的帮助和指导下，我的短线获得了实质性进步，在随后的几笔交易中，我终于利用自己的短线技巧收获了难得的利润果实。如附图 3-6 至附图 3-8 所示。

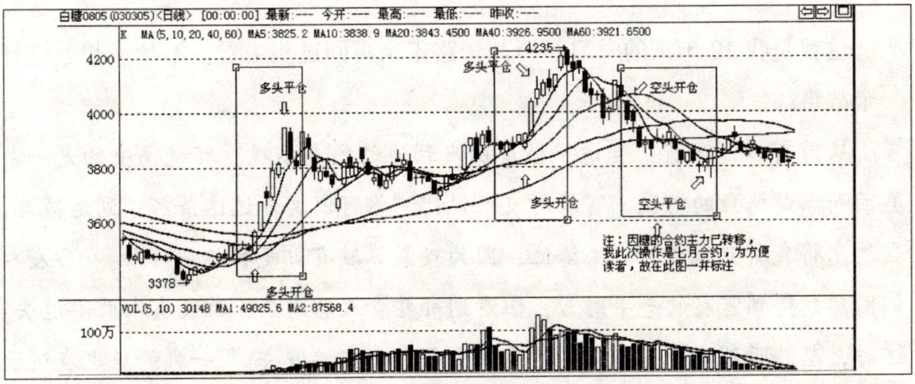

附图 3-6

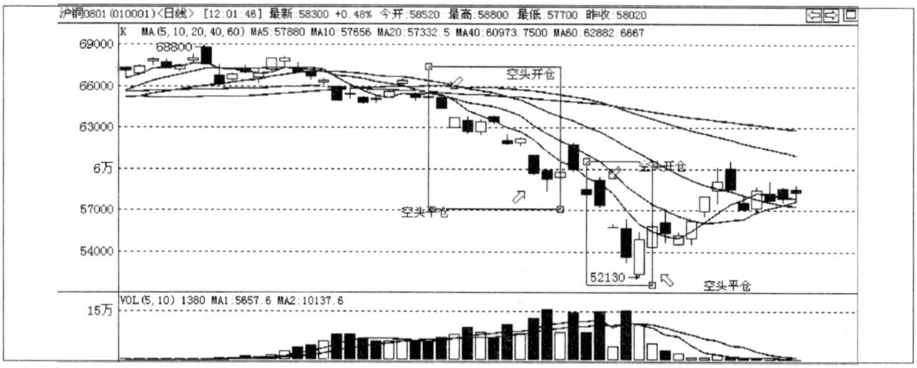

附图 3－7

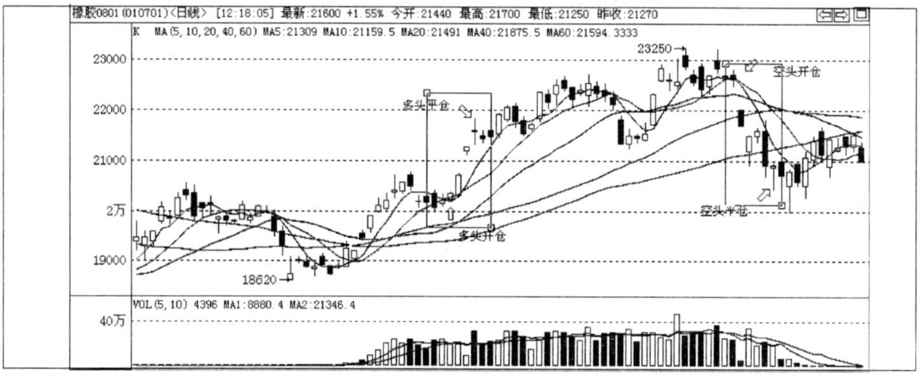

附图 3－8

这就是我 10 年来的学习经历，一路走来再回过头去看，不禁又想起这样一个故事：

从前有一位富翁，宴请了很多朋友到他的堡垒参观。环绕堡垒的是一条美丽而满是鳄鱼的河流，富翁对友人说：“谁可以游泳过这条河，到达彼岸，我愿意将我所有财富的一半给他，因为我最尊敬有勇气和胆量的人。”各友人们固然想得到富翁的一半财富，但看到那些食人的鳄鱼，都没有人敢游过去。这时，忽然听到有个尖叫声：“有位青年人正在游过去。”一群鳄鱼也在追逐他，每个人都为这青年人担心，同时也拍掌为他鼓舞。

结果充满奇迹地，那青年人安然到达彼岸，并没有被鳄鱼吃掉，旁观者都很惊讶和崇拜这年青人的英勇表现。那富翁对他说："年轻人，我非常欣赏你的勇气，除了我刚才答应给你的财富，你还有什么想要？我会尽力满足你。"那位勇敢的年轻人，全身湿透并且喘着气，睁大眼睛看着四周说："你问我还想要什么？我就是想要知道是哪个混蛋把我推下了河。"

想想自己这些年又何尝不是在充满大鳄鱼的河流中拼命奋争呢！如果不是为了实现美好的愿望，如果不是因为没有了后路，恐怕我早已被河中鳄鱼吃掉了!!!

曾经有位诗人说："站在高岸上遥看颠簸于大海中的航船是愉快的，站在堡垒中遥看激战中的战场也是愉快的，但是没有能比攀登于真理的高峰之上，然后俯视来路上的层层迷障、烟雾和曲折更愉快了！"我虽还没有攀登于最高峰，也还没能实现自己的梦想——拥有自己的公司，但是能够从偏僻的东北小镇来到北京工作和生活，能够每天醒来做自己最爱做的事情，我真的感到很幸福也很开心。我相信：实现梦想的那一天不会很远了！

头版后记：致谢

我平生最大的爱好就是读书，尤其学习交易以后，对书更是爱不释手。可以说在我最孤独、最寂寞、最痛苦的日子里，书是我最忠实、最知心、最温暖的伙伴。可是我从没想过自己写书。直到2007年4月，我写了一个帖子，名字叫：给热爱期货的朋友——期货交易学习路线。帖子在我的论坛发表后，马上引起极大反响，文章被很多论坛转载的同时，我的期货交流群从最初的2个群300多人一下子增加到4个群近800人，我自己的论坛会员也不断增加。他们找到我或者想学期货，或者想了解我的学习经历，可是因为我精力和时间有限，不可能每个人都详细讲解，于是朋友们建议我说："把你的帖子完善起来制成一本书吧，因为新手需要它。"

今天，这本书终于完成了，我知道由于我的水平和文笔有限，书的质量会存在很多问题，很多观点也是引用前辈的，但这都是我最深的体会，也大都经过了我的交易验证，这点我是充满感激的，也是问心无愧的。

在此，我感谢多年来我所拜读过的每一本书及我所学习过的所有网络文章的作者，感谢网络及现实中的良师益友！是你们的智慧和灵感构成了本书所有的观点。

感谢婉洋投资俱乐部的所有会员、婉洋期货交流群的所有群友以及帮助我、支持我、信任我的所有朋友，如果没有你们对期货交易极大的关注和热爱，我是没有信心和毅力完成本书的。

感谢长阳读书俱乐部给我最初的交易提供了很好的学习平台！

感谢舵手证券书店和天富期货公司给予我机会以实现我的梦想！

感谢帮助我摆脱困境的所有亲朋好友，相信我不会再让你们失望！

在今后的日子里，我愿意和所有热爱期货的朋友一同学习和探讨，也愿意帮助有意写书、出书的同行朋友把自己的优秀作品发表出版，更希望期货前辈能够针对本书及我今后的学习给予批评和指正。

再次感谢！

我的论坛网址：www.wanyang591.com

信箱：wanyang591@tom.com.

婉　洋

2008 年 4 月 30 日于北京

再版后记：梦想还在

2008年出版《期货交易学习路线》时，在书的最后我说，我的梦想是拥有自己的公司。时过3年，我好像离这个梦越来越远。

3年来，我先后在信达期货北京营业部、瑞达期货厦门总部工作，2011年5月又来到了北京首创期货。于是，很多朋友问我：婉洋，你不做交易了吗？你忘记了你的梦想吗？

我没有忘记，又怎能忘记呢?!

自1998年开始交易以来，我一直希望能够依靠自己的能力把孩子养大，能够从小山沟到北京去。2006年我实现了我的第一个理想，来到了北京。如今也把孩子养大了，并供完了大学。那么，我现在的心愿就是希望成为一名出色的期货基金经理，而要想实现这个愿望，一定要留在期货公司才行。为了不让自己远离市场、远离交易，我选择了客户培训这个工作。

当年自己想开公司，也是想做交易、做理财，后来我发现，私人公司的前景很暗淡，它的各方面实力和期货公司完全没法比，更重要的是，期货公司工作的这几年给了我无穷的力量。

我的生活一直是很艰辛和拼命，当年在老家因为借钱做股票，我曾经欠下了数十万元外债，为了还债和生活，我每天早上6点就要出发上班，晚上6点半以后才能出发回家，整个白天都在工作和研究交易，在路上还要梳理和策划部门的工作，睡觉前还要看会儿书，补充新知识，没有亲人陪伴也没有知心朋友，能够坚持下来，很重要的一个原因就是我的培训工作。

几年来，尤其是2010年以来，我全国各地走了20余个城市，每到一个地方，培训学员都给予了我极大的热情、信任、鼓励和期望。尤其难忘的是2011年3月四川乐山的培训，当我完成4天的课程和大家宣布结束时，近百名在场的学员竟然没有一个离开的，他们给予我掌声的同时，不停地说道，再讲讲吧！

面对大家的信任和支持，我唯有更加努力，让梦想早日实现！

婉 洋

2012年10月10日于北京